妖怪・神・異郷

日本・韓国・フランスの民話と民俗

樋口淳　Higuchi Atsushi

悠書館

妖怪・神・異郷
——日本・韓国・フランスの民話と民俗——

目次

第IV章 韓国人の霊魂と悪霊のゆくえ

まとめ ——比較民俗学とはなにか——

第1章

民話のなかのふしぎな世界

町と村と森と山

民話に登場する不思議な世界（他界・異界）と私たちの住む世界（日常世界）とのかかわりを、町と村と森（あるいは山）という三つの場所論的な構成要素にわけて考えてみましょう。これは、民話を考える上ではすこし抵抗のある視点です。町というのが、どうも民話にはなじみがうすいのです。

ことに日本の場合には、「民話」という言葉の喚起するイメージが、囲炉裏とか夜なべ仕事とか、私たちがもう忘れかけてしまったなつかしい記憶と結びついていて、変化の激しい町場ではとっくに何処かへしまい込んでしまったような生活に根をおろしているからだと思います。そしてまた民話の語りが、ゆっくりとしたリズムで開いてゆく「むかし、あるところに」という話の出発点には、いつも判でついたように村があるからではないでしょうか。

日本の民話の語りの場は、ほとんどいつも村にあり、日本にはじめて民俗学の種をまいた柳田國男ならば「常民」と呼んだであろうような、長いあいだ同じ生業を営み、変わらぬ暮らしを営み続けてきた人びとの生活の場を基礎としています。

柳田が用いた常民という用語は、日常にはあまりなじみのない言葉ですが、英語でいえば

「フォーク」、ドイツ語でいえば「フォルク」で、すぐにフォークソングやフォルクスワーゲンにつながってゆく、世界的な広がりをもった言葉で「ふつうの人たち」を意味します。民話も英語でいえば「フォークテイル」で、ふつうの人たちが語り伝えた話といえば分かりやすいでしょう。

柳田が「常民」とよんだ人びとの生活の特徴は、繰り返す（周期的である）ということと、定性的（コンスタントである）ということだと思います。常民の暮らす村という共同体（コミュニティ）には、ささやかではあっても安定した暮らしと伝統が受け継がれ、日本の民話はこうした小さな共同体に支えられて、語り継がれて来たのです。

1　遠野物語と魔法民話の構造…〈村→森→村〉という基本パターン

しかし村は、「話の出発点」ではあっても、村だけで自己完結している民話というのは、あまり数が多くはないはずです。村で話が始まって、そのままずっと村で終わってしまえば、それは世間話か、いいところ笑話にとどまって、いわゆる本格的な話にはならないからです。[*1] ことに話が、「民話のなかの民話」であると考えられる「魔法民話（tales of magic）」になるためには、どこかに不思議な出来事がはさみ込まれていなくてはいけないのですが、村の暮らしにはそんな変化がおこりにくいのです。

不思議なことは、いつも村から出たところでおこります。たとえそれが世間話に分類されるキツネやタヌキに化かされた話の場合でも、キツネやタヌキが化かすのは村のはずれの一本杉の下や、草原にかぎられます。笑話の場合でも、いつも村びとの笑いの的になるバカ婿は、村から遠く離れた山奥の「愚か村」に住んでいるのです。村は、ふつうの人たちが日常生活をおくる暮らしの場ですから、たとえ小さなことでも村の内部に常軌を逸したことがおこってはいけないのです。

民話の不思議がおこる場所は、他界とか異界と呼ばれる日常生活からは遠く離れた不思議な世界で、ヨーロッパの場合は森が多いのですが、日本では山が舞台になることが少なくありません。この山とか森は、村の人たちにとっては生活に欠くことのできない草刈り場であったり、たき木とか狩りの獲物とかを提供してくれる大切な場なのですが、村ほど安全なところではありません。そして、山には「山奥」というもっとずっと深い未踏の地がひかえています。

たとえば、柳田國男の『遠野物語』などを見ると、村の人たちが自分たちをとりまく山に対してどのような恐れを抱いていたかが、よくわかります。その三番を読んでみましょう。

山々の奥には山人住めり。栃内村和野の佐々木嘉兵衛と云ふ人は今も七十余にて生存せり。此《この》翁《おきな》若かりし頃猟をして山奥に入りしに、遥《はる》かなる岩の上に美しき女一人ありて、長き黒髪を梳《くしけず》りて居たり。顔の色極《きわ》めて白し。不敵の男なれば直《ただち》に銃を差し向けて打ち放せしに弾に応じて倒れたり。其処《そこ》に馳け付けて見れば、身のたけ高き女にて、解きたる黒髪は又そのたけよりも長かりき。後の験《しるし》にせばやと思ひて其髪をいささか切り取り、之《これ》を綰《わが》ねて懐に入れ、やがて家路に向ひしに、道の程にて耐え難く睡眠を催しければ、暫《しばら》く物蔭に立寄りてまどろみたり。其間夢と現《うつつ》との境のやうなる時に、是も丈の高き男一人近よりて懐中に手を差し入れ、かの綰ねたる黒髪を取り返し立去ると見れば忽《たちま》ち睡《ねむり》は覚めたり。山男なるべしと云《い》へり。*2

『遠野物語』の頃の柳田の文体は、まだ文学青年の面影を残す美文調ですから、その劇的な緊張にさそわれて、ふと幻想の世界へとひきずり込まれそうな気がしますが、これを民俗資料として読む散文的な眼も時には必要です。

そこには、村びとが、山にすむ人びと（山男・山女）を自分たちとは違った不思議な世界に住む〈異人〉として区別する強い意識が働いています。村びとにとって山人は、自分たちと違っ

森に捨てられる子どもたち（ギュスターヴ・ドレ　1867年）

た領域に住み、違った身体的特徴をもつだけではなく、不思議な力を持っていて人を迷わせ、相手によっては命を奪いかねない恐ろしい存在なのです。この話の主人公である佐々木嘉兵衛は、たまたま「不敵の男」であったから「直に銃を差し向けて」これを倒すことができました。これは不幸中の幸いでしたが、この嘉兵衛のように大胆な男でも山男の術中におちて、まどろんでしまうのです。

これが同じ『遠野物語』の四番の話になると、山口村の吉兵衛（屋号）という家の主人は、山中で山女とすれ違っただけでわずらい、ついに命を落としてしまうのです。山はこれほど不思議な領域なのです。そこには山の神や、天狗や、雪女までがいて、一つ対応のしかたをまちがえれば、村びとはたちまち死に至ります。

柳田國男の『遠野物語』は、もちろん人がいうほど本格的な民話（魔法民話）には縁がなく、そこに収められた話のほとんどが、実際の体験談（世間話）や、暮らしにまつわる伝承にすぎません。しかしその自分たちをとりまく山（つまり異人の領域であるふしぎな世界）に対する恐れは、冒険にみちた民話の世界にそのまま共通しています。

日本の民話の主人公たちの住む村も、やはり他界としての山に囲まれていて、「三枚のお札」とか「継子の栗拾い」がしめす通り、山は山姥や人食い鬼の出没する場所でした。たとえば「山姥の糸車」という話の一つの類話には、山で出会った美女（実は山姥）を撃ちそこなって殺されてしまう猟師の話があります。

ヨーロッパの場合にも、村はたいがい他界としての森に囲まれています。子どもの頃に読んだ「ヘンゼルとグレーテル」とか「親指小僧」、「赤ずきん」などを思い出してください。森はやはり、魔女や巨人や狼の領域で、村びとの手のとどかぬ他界でした。

日本の場合にもヨーロッパの場合にも、山や森には人間の力の及ばない不思議な魔物が住んでいるのです。

民話の主人公は、時には自分から冒険を求めて、時にはしかたなく（捨てられたり、追い出されたりして）ふかい森や山に出てゆき、魔物に出会います。魔物の中には、親切なヤツもいて人間を守ってくれたりしますが、たいていの場合はおそろしい敵で主人公はこれと闘わなければなり

赤ずきんと狼(ギュスターヴ・ドレ 1867年)

ません。

この闘いには、もちろん秘術を尽した真剣勝負もありますが、なぞなぞとかトランプとか知恵の勝負もあります。そしてかならず主人公は勝利します。

この〈勝利〉というのが民話の一つの特徴かもしれません。というのは、ふしぎな世界での闘いということだけなら、伝説や世間話にもありますが、伝説や世間話の場合には、山や森で魔物に会うと、村びとは恐しさのあまり死んでしまったり、魔物に命を奪われてしまうことが多いのです。しかし、民話の場合には、主人公がここで思わぬ力を発揮します。主人公は、むしろこの超自然的な敵との闘いを通じて相手の不思議な生命力を受け継ぎ、ひとまわり大きくなって村へ帰ってゆくことが一般なのです。

このことを、ロシアの民話研究者プロップが『民話の形態学』の中で提示した構造論にそい

ながら、思い切り簡略化して場所論的に考えてみると、[*3]

村共同体 → 主人公の出発 → 他界（山・森）での冒険 → 主人公の帰還 → 村での結婚

ということになります。

このパターンの理解のためには、たとえば日本民話の「桃太郎」などを考えてみれば、わかりやすいと思います。なにしろ、数ある桃太郎のなかには、鬼ヶ島へ出かけて、鬼をやっつけて、宝物といっしょにお姫さまも助け出して結婚してしまう〈嫁どり型〉というのもあるのですから。

この村から出て行って、山や森でふしぎな冒険に出会い、心身ともに成長して村へ帰って来るという仕掛け（構造）が、民話にとってとても大切だと思われます。

民話のこの基本的な構造をどう読むかは、まさに解釈の問題で、光のあて方次第で様々な解読が可能ですが、その中でも最も魅力的な解釈の一つは、やはりプロップの考えです。プロップは、『民話の形態学』から二十年ほどたった一九四九年、『魔法民話の起源』を著しました。

この本は一般に、スターリン時代に社会主義リアリズムの批判にさらされて自己批判したプ

『民話の形態学』発表当時（1928年）のプロップ

ロップが、歴史主義に転向してやむなく著した著作という風に受けとめられていますが、それは誤解です。この二つの著作は、実に周到に組み合わされていて、言語学の便利な用語を使ってみると両者は〈統辞論 syntagm〉と〈範列論 paradygm〉の関係になっています。

つまり、『民話の形態学』で魔法民話の構造を解明するうえでプロップの示した例の三十一の機能プラス・ワンというのは、[*4] たとえてみれば縦にずっと並んだ引出しのようなものであり、『魔法民話の起源』はその引出しの中味なのです。そしてこの中味はイギリスの人類学者フレイザーが著した『金枝篇』（一八九〇年）以来蓄積された博覧強記の大洪水なのですが、まさに形態学という引出しそのものの整理のよさによって、洪水を分割統治しているような観があります。

そしてこの引出しにも、大きさに違いがあって、その一番大きくて大切なのが〈他界（ふしぎな世界）での冒険〉の系列なのだと思われます。

プロップは、民話の主人公が遭遇するふしぎな世界での冒険を未開社会における若者の〈イニシエーション儀礼〉に結びつけて考えています。この儀礼については、専門家の間ではよく知られていることばかりですが、ここでは民話とのかかわりにそって一応の整理をしておきたいと思います。

まずイニシエーションですが、これは〈入社式〉と訳されることもあるように、人間が年齢を重ね、社会での役割を変えるたびに行われる儀礼のことです。この儀礼は、今ではずいぶん簡略化されてしまいましたが、七五三、還暦、結婚式、小学校の入学式や会社の入社式など、私たちの身の回りに根強く生きています。たとえば入社式の場合、モーニングなどの礼服をつけた社長が、新入社員にむかって会社の歴史や現状、働く心構えなどを説くのに対して、正装した新入社員の代表が、これから会社の一員として一生懸命働くことを誓います。社訓を大声で唱えたり、社歌を歌うこともあるでしょう。

こうして会社という社会に迎える側（社長）と迎えられる側（新入社員）がエールを交わし、その後でウェルカム・パーティなどの無礼講で心を一つにするのが、現代風ですが、人類学者のフレイザーやプロップがとりあげた未開社会では、迎える側の大人の社会と迎えられる側の子どもの社会の落差が大きく、社会的役割分担の違いが、ずっと明確です。こうしたタイプの社会では、子どもは一人前の共同体の成員となる前に、激しい苦痛をともなう試練を受けなくてはいけないことが少なくありません。

割礼を受けたり、刺青を入れたり、歯を抜かれたり、森のなかに捨てられたり、その試練のかたちは実に多岐にわたっていますが、その基調となるのは、〈死と再生の儀礼〉です。子どもは大人になるために、幼く未熟な自分を捨て、それまで自分の属していた古い社会と決別し、象徴的に死を体験し、新しく生まれかわることによって、大人の社会にふさわしい成熟した自分をつくり出すのです。

プロップはこの死と再生について、次のように書いています。

「若者は〔イニシエーションの〕儀礼の時に死に、その後、新しい人間として復活すると考えられていた。これがいわゆる一時的な死である。死と再生は、若者が怪物のような動物によって呑み込まれ、食われることを表す行為によって示されている。若者はあたかもこの動物に呑みこまれ、一定期間怪物の胃の中にとどまり、帰還した、すなわち吐き出されたかのようにふるまう。この儀礼を行うために、動物を型どった特別の家、または小屋が設けられ、さらに扉は獣の口を表している。ここで割礼がほどこされる。儀礼は常に、森ややぶの奥深くで秘密のうちに行われる。

儀礼は身体毀損（指の切断、抜歯など）を伴う。一時的な死のもう一つの形式は、若者を象徴的な形で火あぶりにし、釜茹でにし、焼き、切りきざんで、そして再び蘇らせるということの中に表現されている。再生した者は新しい名前をもらい、皮膚に焼印やその他、儀礼を経たしるしを押される。若者はかなり長期にわたる厳しい学校をくぐりぬけ、狩猟の方法、宗教上の秘密、歴史的知識、掟、日常必要なことなどを教えられる。若者は猟師と社会の成員としての学校、踊り、歌、そして生活に欠くことのできないと思われていたあらゆることの学校をくぐりぬけるのである。[*5]」

こうした厳しい試練のタイプは、プロップ自身がしめした通りそれぞれの社会の性格によって異なっています。しかしその一方で民話の世界では、おどろくほどの普遍性をもっていることも事実です。

たとえば「怪物に呑み込まれる」というモチーフの場合には、ヨナやスサノオといった神話的な広がりを別にしても、「二人兄弟の竜退治」や「力太郎」にはじまる一連の人身御供の話から「奈良梨とり」の池の主、「赤ずきん」の狼、なんでも呑み込むはらぺコ猫まで枚挙にいとまがありません。

主人公の受ける身体の虐待にしても、首を切られたり、八つ裂きにされることはしょっちゅ

火の鳥の羽をつかむイワン（イワン・ビリビン 1899年）

うおこるし、時にはあの「せむしの子馬」のイワンのように王様の命令で煮えたつミルクの釜の中に飛び込まなくてはいけない羽目になることもあります。

日本の民話にも「継子の釜ゆで」がありました。そして火あぶりの典型的な例は「ヘンゼルとグレーテル」のパン焼きがまです。二人はあやうく焼かれそうになりますが、知恵を使って反対に魔女を焼き殺します。最後にはほんの小さなエピソードですが、「七羽の鳥」で小さな妹が、ガラスの山の扉を開くために自分の小指を切り落としたことも忘れられません。民話の世界には、こうした残酷な試練があふれているのです。

そしてさらに、民話の構造を理解する上で大切なことは、試練を受ける民話の主人公が、村を出発する前まではたいがい一人前扱いされていないということです。民話の主人公は、きまって末の息子であったり、怠け者であったり、貧しかったりして、とても人並みに結婚したり、幸せに暮らしたりする条件の下にはいません。それがある日、村を出て、他界で試練にあい、劇的な境遇の変化をとげるのです。

民話はこの点でも、イニシエーション儀礼の子どもから大人への転換の構図を踏んでいます。しかしそれでは、民話はなぜ儀礼と同じ構造を有するのでしょうか。それはやはりプロップによれば、民話がかつての未開の儀礼のなごりであり、儀礼を授ける相手の若者にその試練の意味を説き明かすものであったからです。

「語りの最古の段階とはどのようなものだろうか」と彼は問うています。

「加入礼(イニシエーション儀礼)のさいに(儀礼を主催する大人たちによって)何かが若者に対して語られたことは、すでに前述した通りである。だがいったい何が語られたのだろう。」「イニシエーション儀礼のさいに行なわれたできごとの順序と、神話や民話の構成との一致を見れば、語られた内容は若者たちの身におきたことと同じではあるが、ただしそれは彼について語られたのではなく、ふしぎな誕生をし、熊、狼などの国を訪れ、そこから火や呪術的な踊り(若者たちに教えられるのと同じもの)などを持ち帰った祖先、氏族と習俗の創造者について語られたものであると考えざるをえない。これらのできごとは、最初は語られたばかりか、象徴的な身振りで演じられた。それらはまた、造型美術の対象でもあった。多くの民族の伝説や民話を知らないで、彼らの彫刻や装飾を理解することはできない。新加入者に対しここで説き明かされたことは、彼に対してなされたできごとの意味である。物語は彼を、そこで語られる人物になぞらえる。[*6]」

こうした意味では、民話は信仰を失って、儀礼から解き放たれた神話です。そして民話は儀礼から自由になったその分だけ芸術的な創造として高められたのです。しかし構造としての民話は、その中核にかつての信仰と儀礼の原型をとどめることとなりました。

以上のように『魔法民話の起源』でしめされたプロップの視点は、たしかに民話の発生についてはちょっと窮屈で、たとえば民話と神話との差異を考える場合、疑問が残ります。しかし民話の細かな構成要素を考える時には、とても説得力があります。

ことに、プロップが〈他界としての森〉を〈死者の国に通ずる入口〉であると考えたのは興味深い指摘です。森は死者たち、祖霊たちの棲み家であり、主人公たちはそこで多くの試練とともに不思議な力を授かります。その知恵と力の授与者こそが祖霊であり、おそろしい魔女や山姥ですら根源的な太母(グレート・マザー)の末裔《まつえい》です。かつてイニシエーションの死と再生の儀礼を司っていた者こそ、死者たちであったのです。奥深い森のなかで、体を白く塗り、仮面をつけて、大人たちが演じたのも、この祖霊=死者にほかなりません。

そして、日本の固有信仰の世界でも、他界としての山が祖霊たちの場であったことも忘れられない事実です。ことに後期の柳田國男は、祖霊としての山の神と共同体の耕地を守る田の神とが同一であることを説き、その春秋ごとの交代を考えていました。また折口信夫は、他界としての山を〈マレビト（＝訪れる神）が幸（＝土産）をたずさえて来る地〉と見て、常世（＝死者のすむ永遠の国）をそこに措定しました。折口は、この季節ごとの祭りに訪れるマレビトに扮することを村の若者の聖なる務めとみていましたが、その若者たちがかつて厳格な秘密結社をつくり、聖なる務めを果たすためのイニシエーション儀礼を行なっていたであろうことは、容易に推測可能です。[*7]

以上が、プロップの形態学と起源論から見た一つの他界（＝ふしぎな世界）の理解です。この解釈は、きわめて整合的ですし、説得力がありますが、あまりに一義的であるきらいがあります。そこで形態学をもう一歩強引に読み込んで、そこに町という核を考えてみたいと思います。それによって、もう少し他界での冒険の意味が、はっきりしてくるかもしれないと考えるからです。

2　青い聞耳頭巾…〈村↓森↓町〉というパターン

最初に指摘したように、民話の世界に町という要素はなじみません。ことに日本の場合はそうです。これは、すぐれた民俗研究者であった宮本常一が言うように「元来日本は町のない国であった」からかもしれませんが、[*8]同時に町自体の性格にもよるのです。町は、村と違って、華やいではいても人のいれかわりが激しいのです。商売の数も多いかわりに浮き沈みも激しく、安定した共同体を保ちにくい。時間の流れも村の場合のような季節ごとの周期性にとらわれず、むしろ直線的で繰り返さないことをよしとします。少し極端にいえば、民話伝承の基盤をなすゆとりがないのです。

しかしよく注意してみると民話の中にも、いくつかのタイプの町が登場することがわかります。そしてさらに、この町のタイプによって民話の構造もかわってくるように思われます。これをとりあえず、三つにまとめてみると、

①村・町・森という三つの場所が全部でてくるもの。

②村・町という二つの場所だけがでてくるもの。
③町だけしかでてこないもの。

というふうに分類されるでしょう。
まず第一のパターン（村・町・森）を考えてみましょう。

龍を退治する聖ジョルジュ（フランスの民衆本）

この構造をもつ民話は、第一節ですでに見た〈村→他界→村〉型の一つのヴァリアントであると考えられます。しかしこのタイプの場合には、村を出た主人公は山などの他界で不思議な経験をして人並はずれた力や宝を手に入れると、もうもとの村にはもどりません。そのまま町に行って、そこで大きな幸せを手に入れます。この時主人公は、もちろん一介の村びととして町を訪れるわけではありません。彼はすでに他界訪問によって不思議な力を身につけた超能力者なのです。

彼の訪問を受ける町の主たる性格は、コスモス（＝物語世界）の中心に位置するということです。ヨーロッパの民話の場合にはその象徴として城が登場します。そこには、秩序の主宰者としての王がいて、王子や王女がいます。

日本の民話の場合には、城よりもむしろ長者屋敷が多くみられます。長者といえば町よりもむしろ村のものではないか、という懸念があるかもしれませんが、ここでは人口の規模とか行政上の単位に従って村と町とを分けているわけではありません。民話という物語世界でのトポロジックな（場所論的な）対立が問題なのです。日本民話のなかでは、長者のいる村と主人公のすむ村とは、はっきり区別されています。そして、日本の民話に登場する長者とその娘は、ヨーロッパの民話に登場する王様と王女の場合と同じ言葉づかいと行動をすることによって、両者がまったく同じ役割を果たしていることがわかります。

この同じ役割とは、民話の開くコスモスの中心に位置し、権力をもち、その秩序を主宰するということです。これに対して主人公は、いつもコスモスの周縁（村）から登場します。

民話世界は、固有の力学に支えられたトポロジー（＝場所論）をもっています。それは、現実に私たちの生きている町と村の関係に根ざしたものではありますが、日常生活の現実をはるかに越えて、純化された抽象のレベルに達しています。町はその実体を失って、中心に城や長者屋敷をもつ抽象的な秩序となり、村はあくまで中心に憧れと畏怖のまじった視線を向ける周縁となるのです。王や長者のすむ町が、実際にはもっと大きな町をその中心にもった周縁であり、村はもっと小さな村を周縁に抱え込んだ中心でもあるという、相対的な現実は昇華されてしまい、そこには中心と周縁という二項対立だけが残されるのです。

もちろんそれも、さらに細かく見れば、城という輪郭のはっきりとした政治権力を中心に据えたヨーロッパの民話と、長者屋敷という境のはっきりしない非政治的な装いの中心をもつ日本の民話との間には、やはり差異があると言うべきかもしれません。

しかしこれも実際の民話の語り手の意識のレベルまで下りてみれば根源的な差異とはいえないと思われます。つまりヨーロッパの民話の中で王の娘と一介の農夫との結婚が奇跡であるように、日本の民話の中では、長者の娘と炭焼きの若者との結婚は奇跡です。民話が村で語られ、語る者も聞く者も村の人間関係に左右されていることを思えば、この中心と周縁との対立は相対的なものではありません。城も長者屋敷も、民話世界のトポロジーの中ではやはり絶対的な中心なのです。

だからここでは、町という〈中心〉と村という〈周縁〉のもつヨーロッパにも日本にも共通の根源的な対立にかぎって考えてみたいと思います。そうすると主人公はかならず周縁（村）から出発して中心（町）に向かう、という構造がみえてきます。

この構造は、たとえば「二人兄弟の竜退治」や「水陸両用の船」などの冒険譚でも、「金のがちょう」のような滑稽譚でも同じです。ここでは日本の「聞耳頭巾」の場合を例として考えてみましょう。この話は日本全国あちこちで語られていますが、つぎにあげた「青い聞耳頭巾」という話は、新潟県の長岡で水沢謙一さんが笠原政雄さんというすぐれた語り手から聞いたものです。[*9]

青い聞耳頭巾

あったてんがな。

山方の村に、ゴンという名の、気立てのいい炭焼きがすんでいた。山で炭を焼いたり、山の畑で、アワやヒエを作ったりして、くらしていた。

あるどき、子猿が猟師のしかけた罠にひっかかって、バタバタ苦しんでいたのを、ゴンが罠からはずして助けた。ほうしると、猟師はごうやいて（おこって）、

「なんで、その子猿を助けた。やっと、わなにひっかかったがに。」

「そういわんで、どうか助けてくれ。おらの作ったアワの三升もやるすけ。」

ほうしるんですが、子猿が助かった親猿は喜んでいた。そのうちに親猿が病気になって、バッ

タリ倒れて苦しんでいた。ゴンがかいほうしているうちに、だんだんよくなって、もとどおりになった。

ほうしるんですが、親猿は喜んで、そのお礼に青い聞耳頭巾という宝ものをくれた。

「この頭巾をかぶれば、鳥が何をいうているか、鳥の話がわかる」というた。

あるとき山の大杉に、カラスが一羽東からフワフワとんできてとまった。そこへ西からもカラスがフワフワとんできて、二羽の鳥はカアカアと何やら話しはねた（始めた）。ゴンが、青い聞耳頭巾かぶると、カラスの話がよくわかった。

「東のカラスどん、久しぶりだねかい、何か変わったことはないかい」

「これは西のカラスどん、ほんね久しぶりでした。おらったりは、別に変わったこともねえ。そっちはなじだ。」

「それが、おらったりの村では庄屋のお嬢さんが、長いこと病気で苦しんでいる。人間てやばかのもんで、その病気のもとを知らんで、いくら医者どんにかかっても悪くなるばかりだ。」

「そら、おおごとだ。どういうわげだ。」

「庄屋の門を新しくたてかいする時、その土台の下に、ヘビとナメクジが生き埋めになって、たがいにいがみ合って生きている。そのたたりで、お嬢さんが病気になっている。ヘビとナメクジを掘り出せば、そんまなおる。」

「なるほど、そうか。」

二羽のカラスは、話をやめて東と西へわかれてとんでいった。

カラスの話を聞いたゴンは、さっそく西の村へ行って、庄屋のあたりで、「ウラナイ、ウラナイ」というて歩んでいた。ほうしると庄屋のうちでは、ゴンを呼びいれて、「娘の病気が、いくら医者にかかってもなおらんで、もう死にそうだ。どうか一つ見てもらいたい」と頼んだ。

ほうしると、ゴンは、「それは、門の下に生き埋めになっているへビとナメクジを掘り出せばなおる」というた。ゴンのいう通り、門の土台の下を掘ったらへビとナメクジが出てきて、お嬢さんの病気は、そんまよくなった。ほうして、ゴンは命の恩人だてがに、お嬢さんのむこになって一生あんらくに暮らした。


いきがポーンとさけた。

この話の主人公は、ある山方の小さな村に住んでいます。彼はとても貧しくて米をつくることもできません。この若者にとって山は一つの生活の場所ですが、彼はある日そこで一つの不思議に出会います。彼に助けられた猿が青い小さな頭巾をくれるのです。これはなんとも日本の民話にふさわしい、ささやかな贈り物ではないでしょうか。
しかしこれがあたりまえの日常体験でないことは、猿が口をきき、頭巾の効用を説いていることからもわかります。若者は、猿から魔法の宝を与えられたのです。
しかし若者は、この頭巾を自分の住む山方の村で用いることはしません。彼はその頭巾の力でカラスの話をきくと、必要な情報を手に入れた上で、金持の庄屋のいる西方の村へ向かいます。この西方の村とは何でしょう。これは、やはりまた大変ささやかだけれど、山方のはずれの村から見れば一つの中心であり、豊かな生活とそれにともなう権力がそなわっています。権力者である庄屋は、金の力と権威とによって村を治め、物語の象徴的なコスモスの中心にいるのです。[*10]
これをさきほどからの図式にあてはめてみると、

村（若者の住む山方の村）↓**他界**（山）↓**町**（西方の村）

ということになります。そしてこの図式からもう一歩進んでゆくと、この物語のもう一つ深い対立構造がみえてくるように思われます。それは、町を舞台に展開するコスモス（＝秩序）とカオス（＝秩序の喪失）の対立であり、これもまた実は、この型の民話には不可欠のものです。

このカオスは、ヨーロッパの民話の場合、典型的には王女が怪物にさらわれるという形をとります。城を支配する王は本来全能なはずですから、この怪物を倒し、コスモスの秩序をとりもどさなくてはいけません。ところが彼はすでに年老いていて、最愛の娘を救うことができないのです。そして、彼の大臣にも軍隊にも王に代って秩序を回復する力がないのです。

そこで国王は国中におふれを出し、「王女を助け出した者には、王女と国の半分を与える」という大々的な宣言をします。そして主人公が登場するのです。その時主人公の訪れる町は、秩序を喪失したカオスの徴（シルシ）として、町中には黒い旗がはりめぐらされていたりします。

それでは、この「青い聞耳頭巾」の場合のカオスのシルシは何でしょう。それは庄屋の娘の病いです。西方の村の中心にいて、本来なら富の力によって何でもできるはずの庄屋が、自分の一番大切な娘の病いを癒すことができません。彼は医師を求めて八方手をつくしますが、自分の力ではどうにもなりません。彼は、すでに秩序の主宰者としての力を失っているのです。

そして、この病いがあたりまえの病いでなく、ヘビとナメクジの生き埋めという呪術的な原因をもっていることも注目に価するでしょう。若者は、医術ではなく、魔法の聞耳頭巾というやはり呪術的な手段によって娘の病いを癒すことによって、村に失われた秩序を回復します。

そしてさらに彼はその代償として娘の婿となり、この西の村の新しい秩序の中心、つまり庄屋となるのです。

これをもう一度、町での出来事を中心にして図式化してみると、次のようになります。

古いコスモス（庄屋を中心とした安定した秩序）→**カオス**（娘の病い・庄屋の主宰能力の衰退）→**新しいコスモス**（娘の回復・新しい庄屋の誕生）

この図式の中で、最後のファクター（主人公である若者が町の新しい主宰者となる）が、とくに大切です。たかが娘の病気を治しただけではないか、という批判があるかもしれませんが、民話の基層をなす未開の思考の中では、秩序の主宰者は、いつでも呪術的な力をそなえており、その力を失うと同時に主宰者としての地位だけではなく命を失うことすらあったのです。そして病いの回復は、中でも大切な呪力の証明でした。新約聖書のなかでキリストが行う奇跡の大半が、病いを癒すことであったことや、中世のフランスの王たちが、瘰癧《るいれき》という病いをさわるだけで治療しつづけたことを思い起こせば、王の治癒力と権威の関係がよく理解できます。

たしかに「青い聞耳頭巾」は、いかにも日本の話らしく、中心意識が稀薄で、村と村との間の話、庄屋と炭焼との話に落ちついていて、どこにでもありそうな話になっています。

これがもしヨーロッパの話であれば、かならず中心に城があり対立する関係は鮮明で、主人公は華々しく登場し、華々しく王になります。もちろん日本にだって探せばこういうのがないわけではありません。たとえば都へのぼる一寸法師を思い浮かべてみればよいかもしれません。

そして、この聞耳頭巾にしても、なかにはそういう類話もあります。

同じ水沢謙一さんが『越後宮内民話集』の中におさめた「聴耳のがんりゅう」というのが、それです。[*11] そこには、青い聞耳頭巾にかわって聴耳のがんりゅうという宝が登場し、主人公の若者は、それをもって京にのぼります。この場合も若者は、東（江戸）のカラスと西（京都）のカラスの話を聞き、西方へ向かって病いを癒すのですが、病いに陥っているのはまさに中心の存在、天皇です。若者は、魔法の力によって日本というコスモスの中心に居坐る呪術王（＝天皇）の病いを癒すのです。

話がこうなれば、図式ははっきりと見えてくるにちがいありません。しかし図式がはっきり見えれば、見えるほど、日本の場合話は面白くなくなります。若者はもはや天皇という秩序の中心にとって代わることはなく、せいぜいその手柄によって、天皇お抱えの新しい呪術者の地位を得るくらいがせきのやまです。

しかし幸いなことに、日本の民話の世界には、こうしたできあがった話は多くありません。若者は、あいかわらず長者の娘の病いを癒し、長者の後をついでいます。そしてこの方が、呪術的な治癒力をそなえた支配者の交替の姿が説得力をもって伝わってくると言えるのではないでしょうか。

3　シンデレラと青ひげ…〈村↓町〉というパターン

民話に町が登場する二番目のパターンは、村と町という二つの場所だけがあらわれる話です。これまで見てきた二つのパターンの場合は、〈村↓他界↓村〉の場合も〈村↓他界↓町〉の場合も、共同体の外部に他界をそなえていました。

ところが〈村↓町〉のパターンの場合には、他界が外部に明確な形では登場しません。主人公は村を出て他界をへずに町に入り、急激な上昇または下降を経験します。

この場合の町は二極に分化して、政治・秩序の中心としての機能と祝祭空間としての機能をあわせもつことになるように思われます。これは象徴的にいえば町の〈光〉と〈闇〉との二極への分化であり、光としての政治・秩序の中心に対して、祝祭空間は当然闇の側にかかわって

内気なシンデレラ（フランスの民衆本）

きます。この闇としての祝祭が、いわばコスモスの中に抱き込まれたカオスとして、主人公に運命の上昇または下降をうながすのです。

この話の最もはっきりしたタイプは「シンデレラ」と「青ひげ」です。

日本の民話の場合「シンデレラ」にあたるのは、「糠福・米福」でしょう。この話では、山奥にまよいこんだ主人公が山姥から宝の葛篭をもらい、美しく変身して、町の芝居小屋で長者の息子にみそめられて幸せになります。

たしかに、この話には山という他界が組み込まれて芝居小屋という華やいだ空間が登場しますが、シンデレラの城と比較すると、いまひとつ華やかさに欠けるように思われます。そしてヨーロッパに、多く見られるシンデレラも、田舎風の話が多く、王子とシンデレラの出会いも教会などと、今日の目で見ると控えめな日常空間の場合が少なくありません。

こうしてみると、私たちがよく知っているペローやグリムの「シンデレラ」、そして「青ひげ」は、むしろ特権的な話なのですが、この二つの話をたよりに、コスモスの中の他界（祝祭空間）の仕掛けを考えてみましょう。

まず最初の「シンデレラ」は、祝祭空間の中で、運命が急上昇する話です。しかしそれだけに、母親に死なれて村の家に引きこもっているシンデレラは、このうえなく暗い運命をせおっているように思われます。とにかく、ボロを着て、家中の仕事を一手に引き受けて、夜は炉端の灰の中で寝ているしまつです。いじめられても、一言父親に訴えることもしません。ことにペローの「サンドリオン」の場合には、王子の開く舞踏会がせまっても、姉たちの髪を整えたりアイロンをかけたりするだけで、自分からは積極的に働きかけることができないのです。結局姉たちに置いてきぼりをくって窓辺で泣いていると、例の名付け親の妖精があらわれるという仕掛けです。

ガラスの靴を落とすシンデレラ（1697年版）

これがグリムの「灰かぶり」になると伝統的な民話の形式にもどって、「城に行きたい」という娘には、灰のなかの豆をひろったり、笊で水を汲んだりという難題が、継母によって課されます。これを解いてもまだ許してもらえずにいると、母親の墓にはえたハシバミの木の援助があって、娘は美しく変身するのです。[*12]
「シンデレラ」という話の最大のポイントは、この急激な変身にあるといってよいでしょう。それまで炉端で灰にまみれていた哀れな継子が、一挙に美しいヒロインに変わるのです。

これを構造の視点からとらえれば、この話がここを折り返し点として、まったく逆の歩みを始めることがわかるでしょう。これまで蔑まれていた者が高められ、高慢であった者が奈落に落ちこむのです。

この逆転は、外面だけでなく、主人公の内面の心理にまで及んでゆきます。それまで目立たず、暗く、控え目でどう考えても冴えなかったシンデレラが、魔法の力によって美しく変身すると一挙に明るくなります。かぼちゃの馬車に乗り、金糸銀糸の縫いとりのあるきらびやかな宝石をちりばめた夜会服で舞踏会に現われると、彼女はすべての人びとの注目をあつめるような魅力を発揮します。そして軽やかに音楽にのり、みごとに踊るのです。

こうした華やかな舞踏会は、ペローの場合は二度、グリムの場合は三度続きます。いずれの場合も、王子は娘に心を奪われ、必死で娘をひきとめ、正体を知ろうとするのですが、娘はするりと逃げてしまいます。そしてかならず姉たちよりも一足さきに家にもどって、帰ってきた姉たちをからかうのです。こうした機知は、これまでの暗いシンデレラには見られませんでした。

　ことにグリムの場合には、シンデレラが逃げると王子が自分であとを追いかけますが、二度とも追跡に失敗してしまいます。そこで三度目は計略を用いて階段にヤニをぬり、やっと片方の靴を手に入れるのです。こう考えてみると、この舞踏会の場面はシンデレラと王子との単なる出会いの場ではないことがはっきりします。これはやはり嫁えらびの競争なのです。

ガラスの靴のテスト(1697年版)

　一国の支配者の息子である王子が、国中の娘たちを集めて妻を選ぶといえば、日本の場合には「糠福・米福」とは違ったもう一つのシンデレラ話「鉢かづき姫」のクライマックスに〈嫁えらびのモチーフ〉がついていました。山陰三位中将の四男宰相に愛された鉢かづきは、観音の加護によって美しく変身し、嫁比べの席にのぞむのですが、このさいの嫁の資格は美しさだけではなく、和歌管弦の雅びでした。
　ヨーロッパの民話の場合でも、グリムの「三枚の羽」など随所にこうしたモチーフがあります。しかし「シンデレラ」の嫁えらびには、ほかに見られぬもう一つの特徴があります。それは舞踏会という祝祭的空間です。

そこに繰り広げられる王子とシンデレラの駆け引きは、単なる戯れではなく、一種の闘いとしてのスリリングな様相をおびています。ちょうどプロップの示した民話の構造の中で、主人公が他界に出発し、敵と出会い、敵を倒しながらも何か手傷を負い、後のシルシを身につけるように、[*13]シンデレラもまた、舞踏会で王子の追撃をたくみにかわしながら、後のシルシとなるガラスの靴の片方を落とします。

とすれば、城の舞踏会という華やかな祝祭空間は、「闘いの場」として、森や山というおそろしい他界となにか共通の性格をもっていないか、ということが問題になります。

そして、これは、それほど難しい問題ではありません。

すでにロシアのミハイル・バフチーンや日本の山口昌男の仕事によってよく知られるように、キリスト教世界のカーニバルのような祝祭空間は、非日常的な生活の秩序の逆転の場です。それは日常的な世界の〈創造された始原〉への回帰であり、宇宙の初めに見られたような〈アルカイックなカオス（＝無秩序）〉の再現です。そこでは、日常生活においてはタブーとされ、禁じられているはずの暴飲暴食や、秩序の撹乱、性的放埓などが積極的に奨励され、いつもは厳格に守られていたはずの、貴と賤、男と女、正常と異常、生と死などの秩序が逆転してしまいます。

カーニバルの間だけ主人と奴隷が入れかわり、偽王が即位するのはその一つの典型です。それはいわば年月によって疲れたコスモスの意図的（かつ周期的な）破壊であり、こうして立ち現われたカオスの原初的なエネルギーによって、コスモスは再び始まりの時の生命をとりもどし、活性化し再生するのです。

これは、イニシエーション儀礼をとおして、幼い少年や少女が死を体験して、成熟した大人として生まれ変わる「死と再生のドラマ」とよく似ています。カーニヴァルにおいては、時をへてエネルギーを失い硬直したコスモスが、祝祭的な熱狂のなかで激しい秩序の撹乱と逆転を経験し、生まれ変わり、新しいエネルギーを身につけ、ふたたび安定した秩序をとりもどすのです。

ただ、イニシエーション儀礼の場合には、カオスは共同体（コスモス）のそとの他界にあり、若者たちは一時的に共同体を離れ外部の他界（カオス）で危険に身をさらし、死と再生を経験するのですが、カーニバル的な祝祭の場合には、カオスは共同体そのものの中に出現します。円環的な時間のなかに組み込まれたカーニバルという祭りの時間に、町中を熱狂させ、共同体の秩序を撹乱したカオスは、祝祭の終わりとともに去っていくのです。

「シンデレラ」の物語は、こうした祝祭論的な他界、コスモスのただなかに現われる他界に対する考察をはさみ込むことで、もう少し面白くなるように思われます。

このドラマの前半と後半の対立は、日常と祝祭、日本民俗学的に言えばケ（=労働の時間）とハレ（=祭りの時間）との対立です。そして〈ケ〉という日常的な秩序に属しているかぎり継子であるシンデレラには、あまり大きな幸せは期待できません。継子は継子らしくいじめられて、多少けなげであったり気だてがよくても、日常のシンデレラは基本的に性格が暗いのです。

この暗い継子が明るくなり、一気に幸せになるためには、コスモスを支配している身分制度、ヒエラルキーの大逆転が必要です。つまり日常的な〈ケ〉の空間が裂けて、一挙に祝祭的な〈ハレ〉に向ってワープしなくてはいけないのです。そしてこの空間移動の仕掛けこそ、民話に固有のものなのです。

しかし、この祝祭が祭りという時間の枠組みのなかにとらわれていると、これはやはり、いまひとつ面白味にかけるということになるでしょう。なにしろ、お祭りは、しょせんお祭りであって、いつかかならず終わってしまいます。乞食や犯罪者がいくらカーニバルの王さまに選ばれても、祭りの終わりにはまたひきずり降され、祭りの穢れを一身に負わされて町から追放されてしまうのですから。

どこかに終わらぬ祭りはないのでしょうか？　シンデレラが、またもとのみじめな継子にもどらず、いつまでも幸せである手だてはないものでしょうか？

しかし、よく考えてみれば、終わらない祭りほどおそろしいものはありません。祝祭はそれ自体はなやかな〈ハレ〉の空間ですが、もしそれが閉じることなく町の一ヶ所に落ちついてしまうと、とんでもないことになります。カオスの支配する空間は、きわめて危険な闇の世界です。これはいわば発想の一人歩き、狂気の沙汰ともいえるのですが、人間の社会にはそれを許してしまうおそろしさがあります。

祝祭が時間の中に組み込まれた年中行事的な性格から一歩踏み出して、カオスが町の中に一つの場所を占めてしまう。そしてそれが、いつの間にか町の一方の中心として独立し、城をはじめとする公式の中心に対比される象徴的な地位を獲得するとしたらどうでしょう。バフチーンや山口昌男は、町のなかに恒常的に開かれた祝祭的な中心が市場（マーケット）であり、市の開かれる広場だと考えました。

ヨーロッパの中世ルネッサンス期における町の広場には、すでにこうした機能がありました。バフチーンは、『フランソワ・ラブレーの作品と中世・ルネッサンスの民衆文化』の中で、祝祭空間がいつも町の広場を中心に開かれていたことを示し、広場がいかに町の他の場所（宮殿、教会、公共の建物、個々人の家など）とは違った特権的な場であるかを説いています。

「広場はあらゆる非公式のものの中心であり、公共の秩序、公式のイデオロギーの世界にあって言わば《治外法権》を享受していた。広場は常に《民衆のもの》であった。もちろん広場のこの側面が完全に姿を現わすのはまさに祝祭の日であった。[*14]」

バフチーンのいうこの広場とは、もちろん市の開かれるマーケット広場です。

たしかに、ヨーロッパの町には今日でもこうした広場が生きていて、気ままな自由を味わうことができます。そして、町にマーケットの広場が開かれる以前にも、その先駆的な形態として、祭り日にあわせてかなり長期の市が開かれていました。

「たとえば有名なリヨンの定期市は年四回開かれ、一回が十五日間続いた。こうして一年のうちまる二ヶ月リヨンは定期市の生活を、したがってかなりの程度までカーニバル的生活を送ることになっていた。定期市では本来カーニバルがなかったとしても、カーニバル的雰囲気が常に支配していた」というのです。[*15]

しかしそれでは祝祭はなぜ市の広場に結びつけられるのでしょうか。あるいは、町は公式の中心である城と非公式の中心である広場＝市とに二極分化していったのでしょうか。

それは、「市場の経済機能が持つ象徴性」を考えてみれば理解されると思います。山口昌男は『道化の民俗学』の中でこの象徴性を市場の喚起する六つのイメージとして提示しました。それらは、①開かれた世界のイメージ ②自由な接触のイメージ ③平等または対等のイメージ ④流動性のイメージ ⑤変貌のイメージ ⑥非日常のイメージ です。

山口によれば「これらのイメージが分ち難く融合されて、市場の〈象徴性〉が成り立つはずであり、それは日常生活を支え支配する〈分けられた〉〈距離感を主軸とする〉〈固定的な〉〈変ることのない〉生の形式と対立する」はずなのです。[*16]

つまり、市場という、自由なヒト・モノ・情報の交換の場では、どうしても〈固定的〉で〈変わるはずのない〉身分秩序や〈距離〉がとりはらわれ、自由なおしゃべりや、値段の交渉が優先され、駆け引きがものをいいます。スピードが勝負ですから、あっという間にお金を儲けたり、大金を失ってしまう、身分が瞬時にして上下する、逆転する可能性もあります。「このような市場のもつ象徴性が、祝祭の持つ非日常的生と重なりあったとき、そこにカーニバル的生が可能になる。」というのです。

こうしたバフチーンや山口の論考は、「シンデレラ」のような魔法民話の祝祭空間にも、ぴったりあてはまると言ってよいでしょう。シンデレラは、妖精の援助で、かぼちゃの馬車にのって城の舞踏会（＝祝祭）に行くことで、灰にまみれた不幸な継子から、才気煥発で美しいお姫さまに変身します。

山口がバフチーンを引用して言う通り「カーニバル的生とは常軌を逸した生であり、なんらかの程度において《裏返しの生》《あべこべの生》」であり、シンデレラは城の舞踏会で、この《裏返しの生》《あべこべの生》を生きるのです。[*17]

しかし、私たちはここでちょっと立ち止まって、山口のいう「市場の象徴性」にもう一つの要素、〈いかがわしさのイメージ〉をつけ加えておきたいと思います。それはこのイメージが、市場の発生にかかわり、さらに町の二極分化を促進し、今日に至るまで都市に闇の領域を残す原因となったと考えるからです。

市場のもついかがわしさは、そこで行われる商業活動そのものに結びつきます。バフチーンが広場を問題にした中世ルネッサンスの都市においては、すでに市場は町の中心に空間を与えられていましたが、市はその発生においては城の城壁や修道院の門の端という周縁にとりつくようにして成立するものが多かったのです。川に渡された境界としての橋に市が開かれることもありましたし、川をはさんで町の向う側に市が広がることもありました。それらは決して町の中央にはなく、むしろ周縁、あるいは境界に位置していたのです。

ここで、ヨーロッパからいきなり話がとびますが、日本の摂津・河内・和泉三国の境に成立した商人町〈堺〉の例などはその典型であると思われます。[*18]

なぜ市が、境（さかい）に開かれたかといえば、それはもちろん町が域内での商業活動に対して重い賦役をかけたため、というのが通説です。町のはずれ（周縁）で取引をすれば、重い税をのがれることができたというのです。しかし、それをもう少し遡って考えてみると、商業活動そのものが町にすむ人びとからタブー視され、忌避された歴史があったためではないでしょうか。

こうしたタブーの仕掛けを、商業活動そのものの本質にもとづいて解きあかしたところに、ポランニーをはじめとする経済人類学の仕事の面白さがあります。[*19] ここでは残念ながら彼らの仕事をつっこんで検討することはできませんが、彼らの指摘で私たちにとって一番興味深いことは、商業活動がある町や村という共同体内部の財の余剰（つまり何か作りすぎて、あまってしまったもの）を交換することによって始まったのではないということです。

町や村の人びとが、欲しいと思うもの、珍しいと憧れるものは、町や村の内部ではなく、いつも外側からやってきました。共同体の外からやってくる商人は、いつまでたっても町や村の外側から〈見知らぬ品物をたずさえてくる存在〉、ストレンジャーとしてとどまり続けたというのです。[*20]

もちろん私たちの歴史の歩みの中で、商業活動の重みは増してゆきます。その形態は、一言も言葉を交わさずにものを交換する〈鬼市〉[*21]のような沈黙交易型から、町の境の市場の定着へ、さらには川向うの商業地区の繁栄へと向かって行ったに違いありません。[*22]

しかしたとえ商人が、外部の存在（異人・ストレンジャー）としての性格を失い、市場が町の一つの中心となったとしても、それは見かけの上でのことです。市場には、バフチーンが「非公式」と呼んだあの性格が残ります。町は市場をその中心にすえたその日から、城とは別の非公式の中心を抱え込むことになってしまい、今日に至るまで都市は〈光〉と〈闇〉という二項対立をあわせもつことになります。市はその発生からして他界なのであり、町の中に開かれたカオスとして、町のなかに祝祭空間を定着してしまうのです。

町は、こうして祝祭空間をはらむことによって、村との性格をもう一つ違ったものにします。第二章で見た〈村→他界→町〉の型の民話にあらわれた町の場合には、この祝祭空間としての機能がありませんでした。しかし「シンデレラ」を典型とする〈村→町〉型の話ではこの機能が、目いっぱい拡大してきます。

したがって「シンデレラ」のトポロジーは、村（〈ケ〉の生活・日常空間）→町（〈ハレ〉の生活・祝祭空間〉という対立を軸として考えてよいと思います。そしてこの話の場合には、町こそが他界です。

この他界としての町が、村の側から見た時、いかに憧れと怖れの対象となっているかは、たとえば日本の映画や流行歌をちょっとのぞいてみればすぐわかるでしょう。

ことに昭和をささえた高度経済成長期の歌には、春日八郎でも三橋美智也でも随所にこのモチーフと構造が見られます。町は女たちを美しくしますが、堕落させ、二度と村に帰れなくしてしまうのです。

「シンデレラ」の場合にも、舞踏会はヒロインを美しく変身させます。妖精の名付け親や魔法のハシバミの木は、そのために金や銀や宝石やありとあらゆる贅沢を用意してくれます。それは、いわばシンデレラのそれまでの忍耐、〈ケ〉の生活の代償であり、彼女はそれを一度に使い果たします。そうして一挙に上昇し、王子の心を射とめ、王妃になるのです。

これは、まさに市場の持つ交換の規則です。その原則は等価交換ですが、この交換にはそれまでの村的な価値体系とはまったく別の尺度が用意されています。城の王子は、村の家で、継母や継姉妹が見ていたのとはまったく別の目でシンデレラを見ることになるのです。

とすれば、この突然の尺度の変化は、上昇のドラマとともに下降のドラマを生み出すことに

妻に鍵をわたす青ひげ（ギュスターヴ・ドレ　1867年）

なりはしないでしょうか。同じ構造のなかで、一挙に上昇するものがいれば、一挙に転落するものもいます。村から町に出て来たために一挙に上昇する物語があれば、一挙に転落する物語もあるということです。

それは「シンデレラ」の物語であれば、高望みをしたために、足を傷つけたり、目を失ってしまう姉たちのケースですが、民話としてはほかに「青ひげ」があります。

よく知られているように、「青ひげ」に登場する二人の姉妹は、母親とともに穏やかな村の暮らしを営んでいます。ところがある日、青いひげの大金持の不思議な男が現われるのです。娘たちは、初めのうちこそ、この不気味な〈ストレンジャー・異人〉に嫌悪を感じますが、その城と莫大な富を見せられると、すっかり心が移り、とくに妹娘の方は青いひげにさえ魅力を感じて、ついには結婚してしまうのです。

結婚によって、娘は村を出て城に移ります。そしてこの城こそ、シンデレラのあの舞踏会の場合と同じように、考えられるかぎりの、すべての贅沢がつめ込まれた場です。そしてこれも大切なことですが、結婚とともに夫は城を去って旅に出てしまいます。彼もまた、やはり漂泊する人の徴を身につけていたのです。

このあと娘がどうなったかは、多くを語る必要はないと思います。彼女は青ひげの禁止を破り、秘密の小部屋の鍵をあけたために一挙に死の恐怖を味わうのです。ちょうど「シンデレラ」の主人公が急激な上昇を体験したのと同じように、「青ひげ」の妹娘の運命は暗転します。

幸いこの娘の場合には二人の兄がいて、最後はハッピー・エンドに落ちつきますが、あの小部屋に血だまりをつくっていた女房たちは皆、この妹娘と同じ過ちをおかし、はかなくなってしまっていたのです。

「シンデレラ」と「青ひげ」という二つのケースをまとめてみましょう。

主人公は、どちらも村的共同体の中で生活しています。二人は継子と実子の違いはありますが、村にいる限りは身分相応の暮らししかできません。この二人を城の贅沢な暮らしがひきつけます。城はこの場合支配秩序の象徴であるよりも、祝祭的なカオス（他界）です。青ひげの美しい生活のびっしり詰まった城の、最後の血まみれの小部屋は、この他界への入口をよくあらわしているかもしれません。

いずれにせよ、このカオスの中で一人の娘は上昇し、一人の娘は下降します。

日本の民話の場合には、「糠福・米福」の芝居見物くらいをのぞいては、こうした祝祭空間はあらわれません。それも舞踏会に比べれば、かなりつつましいものです。

しかし民話の中の他界の構造を考える上では、この祝祭空間や、急激な上昇と下降の問題を考えてみないわけにはいかないでしょう。

4 ハーメルンの笛吹き男と山寺の怪…〈町〉だけというパターン

民話の第四のパターンには、町だけがあらわれます。

ここで町というのは、もちろん物語世界の中心にあるコスモスのことです。[*23]

これまで検討してきた三つのパターンは、それぞれ違った構造をもっていましたが、いずれも主人公が周縁の村を出るところから物語が始まっていました。しかしここで私たちが考えてみたいパターンの場合には、発端はむしろ中心である町の側にあります。そして周縁の側から、見知らぬ来訪者が訪れるのです。

それには大きくいって、やはり二つの型があります。

一つは周縁からの来訪者が、物語が終わると立ち去ってゆく型であり、あと一つは、物語が終っても共同体内部にとどまっている型です。

まず最初の型から考えてみましょう。このタイプの話には、典型として日本の〈大歳話〉のような来訪神型（訪れる神の話）が考えられますが、一番わかりやすい型として、「ハーメルンの笛吹き男」の場合を例にとってみましょう。

グリム兄弟の『伝説集』のおかげで、誰もが子どもの頃から知っているこの話の最初の大きな特徴は、町がネズミの害に苦しんでいるという点です。[*24] ハーメルンの町にネズミが急に繁殖し、穀物も果実も何もかもかじり尽されて手も足も出ません。猫も毒薬も役に立たず人間の生命すらも危うくなります。たかがネズミごときでと思うかもしれませんが、柳田國男も『海上の道』におさめられた「鼠浄土」の中でいくつもネズミの害の話をあげているので、これもまんざら作り話とも思われません。なかにはネズミの猛威に耐えかねて一村放棄した島もあるというのです。

だからこの話も構造的にみれば、まずハーメルンという町がネズミという外敵のためにコスモス本来の性格をおびやかされているという段階が認められます。その中

笛吹き男（ハーメルンのマルクト教会ステンドグラスをもとに描かれた水彩画〔アウグスティン・フォン・メルペルク　1592年〕）

アルレッキーノ（モーリス・サンド　1860年）

心を治めるはずの市長やギルドの親方が、統治者としての力を失って、手をつかねているのです。

そこに第二の段階として、周縁からの来訪者、笛吹き男がやってきます。

この笛吹き男は、ちょうどあの「聞耳頭巾」の若者が頭巾の力で庄屋の娘の病を癒したように、笛を吹いて町中のネズミをヴェーゼル川へと誘い込み、町に再び秩序を回復します。

ここまでは、第二節で見た〈村→森→町〉のパターンと同一の構造です。しかしここでは笛吹きは素直に町の人びとから受け入れられません。彼は恩知らずな人たちから、手ひどい裏切りを受けます。彼らは約束の金を払わぬのみか、笛吹きを侮辱するのです。

この後の笛吹きの復讐はあまりにも有名です。彼は再び笛を吹き、今度は町中の子どもを連れて町を出てしまうのです。そしてハーメルンの町には、笛吹きの足についていけなかったわずか数人の子どもだけが残されたというのです。

今までの図式化のやり方に従ってこの話を図式化してみると、これは〈森→町→森〉というパターンになるかもしれません。これはさきほどの〈村→森→町〉の一つのヴァリアントであるように思われます。つまりカオスに陥ったコスモスの秩序を再生すると、主人公はその新しいコスモスの中心に王として居坐ることなく、風のように去ってゆく。いわゆる「さすらい」とか「流れ者」のパターンなのです。

しかし笛吹き男は、なぜ立ち去ってゆくのか。これが大切な点であると思います。それにはもちろんハーメルンの町の人たちが不誠実だとか、ケチだとか、恩知らずだとかいう、直接的な物語上の理由があるとは思いますが、それだけではこの伝説を今日まで守り、野外劇まで続けているハーメルンの人たちがかわいそうではないでしょうか。第一、きのうまでネズミの害にあれほど苦しんでいた人たちが、ネズミがいなくなったとたんにその苦しみを忘れて、恩知らずになるというのは不自然です。町の側には、もっとはっきりした、笛吹き男を町にとどめておけない理由がなければならないのではないでしょうか。

その鍵は、笛吹き男の服装にあると思います。たとえば、グリムはまず話の冒頭でこの点に注目し、こう書いています。

「一二八四年にハーメルンの町に不思議な男が現われた。この男は様々な色の混ざった布ででき上がった上衣を着ていたので〈まだら男〉と呼ばれていたという。男は自らネズミ取り男だ

「カーニヴァルと四旬節の戦い」で樽をおす道化の衣装は黄色で帽子は赤・白・黄の三色
(ピーテル・ブリューゲル 1559年)

と称し、いくらかの金を払えばこの町のネズミどもを退治してみせると約束した。」

　そしてまた、ヨーロッパでこの話をグリムと同じように広める役目を果たしたロバート・ブラウニングの詩の場合にも、タイトルは『ハーメルンのまだら色の服を着た笛吹き男』（*The Pied Piper of Hamelin*）です。もちろんブラウニングの作品は、グリムよりも三十年以上もおそく、グリムからの影響関係も充分考えられますが、問題はこの「まだらの服」が、話を聞く者の心を直ちにとらえてしまうところにあるのではないでしょうか。

　そこには、すでに非日常的な祝祭のイメージがつきまとい、ヨーロッパの伝統にはなじまぬはずの、私たちの心にも、サーカスのピエロや、ピカソの描いた「アルルカン」のような道化を想い出させますが、実はこの連想は正しいと思います。

　サーカスの道化のだんだら模様は、そのまま中世世界へと広がってゆくのです。たとえばイタリアのコメディア・デラルテの道化のアルレッキーノは、現在ではダイヤ模様の華やかな多彩色の衣裳をつけていますが、十六世紀後半の記録を見ると、つぎはぎだらけの衣装をつけています。[*25] またブリューゲルの絵や中世ルネッサンスのカーニバルの記録の中にも、こうした「まだらの服」を着た道化の王たちが登場します。しかし彼らはなぜ「まだらの服」を着ているのでしょう。

それは、おそらくそれぞれの色のもつ象徴的な意味が、過剰と混乱を表現するためではないでしょうか。たとえばブリューゲルの「カーニバルと四旬節の戦い」には、道化が登場しますが、彼らはしばしば黄＝緑＝赤の三色を身につけています。そして、その黄色は賤しさと裏切り、緑は破壊と不名誉、赤は血と狂気をあらわしたというのです。[*26] これはコスモスの秩序に対する反逆、始原的なカオスの色です。

色の象徴は、解釈のコンテキストによって異なりますが、いずれも、聖と穢れ、豊穣と死、貴と賤、知と狂気といった中間項をもたぬ過激な対立に彩られていたに違いありません。こうした意味の過剰を背負ったまだらの服は、カーニバルの祝祭空間では過激な秩序破壊のために歓迎されますが、祭りの終焉と同時に一切の穢れを身に受けて共同体を追放されてしまうのです。

そしてさらに興味深いことは、初期の記録において、この「笛吹き男」が「神の秘められた命を受けて、子どもたちを地上の別の場所へ移した悪魔であったに違いない」と推測されている点です。[*27] この推測は、中世的な思考の残滓の中で、〈悪魔と道化がひと繋りに考えられていたこと〉を示しています。

ふしぎな力を持った道化は悪魔であり、悪魔はまた神の道化であったのです。[*28] そしてまだらの笛吹き男は、一歩また超自然の側へ足を踏み出してゆきます。

こうして推論を続けてゆけば際限もありませんが、要するに笛吹き男の「まだらの服」は非日常的な祝祭空間に通ずるカオスのシルシであったと思われます。それは時には聖なる世界へと通ずる可能性を秘めたふしぎな力のシルシでもありました。しかしその「まだらの服の男」は、その〈カオスの始源的なエネルギーを制御するふしぎな力〉のゆえに、俗的な共同体の秩序の内部にとどまることはできないのです。彼は丁重に、あるいは暴力的に、町からお引きとりいただかねばならない存在なのです。

この節の初めに述べたように、日本の民話の場合、このタイプの話は、「猿長者」「大歳の客」「大歳の火」といった一群の大歳話として語られています。

たとえば「大歳の火」の場合には、大歳の日にイロリの火を守ろうとするけなげな嫁を訪れて来る遊行の神（来訪神）です。「大歳の客」のように、歳を越す餅もない貧しい家を訪れて、神が豊かな幸を与えて帰る話です。ヨーロッパの場合にも、同じようにイエスとペテロが村々を訪れ、貧しい者たちを助けた話が語られています。

神は共同体を訪れても、その聖なる性格の故に決してそこにとどまることをしません。彼らはこっそり他界からやって来て、また他界へと帰ってゆく、折口信夫がマレビトと呼んだような神なのです。

しかし数多い民話の世界には、他界から来たふしぎな力を持った旅人が、そのまま町に居坐る話もあります。それがこの節の初めにいった第二の型です。それはたとえば、日本の民話の「山寺の怪」の場合です。面白い話ですがちょっと長いので、要約して語ってみたいと思います。

山寺の怪

むかしむかし、ある所に古い荒寺があった。そこにはなんぼ住職が入っても、化物がいて食べてしまう。

ところがある日のこと、傘あ一本持って旅の坊主がやってきた。

「どこか宿あ無いだろうか」と言っても、むろん宿はない。

「百鬼夜行絵巻」（作者不詳 室町時代）

「宿はどっこも無いけどなあ、あそこに大きな荒寺がある。化物はでるがそこだったらなんぼでも泊まれるがな」ということになった。

そして坊主が、晩の飯をすませてやすんでいると、夜中ごろになってきて、なま臭い風が吹いて、ドカーンと大きな音がして大きな青坊主が降りてきた。そうしてふうふうと囲炉裏に火をたいていた。やがて戸口をトントン叩く音がする。「てえてえ小法師はうちかやい」という声がして、青坊主が「んだあ、おるわい。どなたでござる」と答えると、「とうやのばずでござる。風の使に聞きますれば、こなたにはよいお肴が参りましたそうで、包丁のそべらの一かけらでも、いただきたいと思うて参りました」といって大坊主が入ってきた。

そしてこんな問答が四度も繰り返されて囲炉裏のまわりは化物坊主でいっぱいになった。

なんちのじゅず、さいちくりんのけいさんぞく、ほくさんのびゃっこ、というおそろしげな化物だった。お化けがでるとは聞いたが、こりゃあえらいお化けが出るわい、思うて、旅の乞食坊主は蒲団からじっと見ていた。

そうこうするうちに、化物仲間で料理の相談もまとまったとみえて、一番最初にやって来たとうやのばずが大声でこう言った。

「こりゃあ、乞食坊主、これへ出え。わりゃあとうやのばずだ。これより料理をしてつかわす。ここへ出え」と言って俎板をカンカーンと叩いた。

ところがその乞食坊主なかなかの偉い者で、「とうやのばずとはいかなる者が名をつけた。これより東に当って広い広い野原がある。そこに転げておる馬の髑髏が人をとって食うこたあならん。後へ引け」と言った。

こうして次々に化物の正体を言いあてて、南池の鯉の片目、西竹林の鶏三足、北山の白狐をやっつけてしまった。

そうして最後にてえてえ小法師が衣を巻き上げて、大きな襷《たすき》ゅう掛けて向う鉢巻であらわれると、「てえてえ小法師とは、いかなる者が名をつけた。このお寺が立った折に、建立した折、棟上げをした折に使うた棟《むね》の槌が、わしをとって食うこたあならん。後へ下がれ。消えてしまえお前ら」といって、あとはゆっくり寝た。

朝になると村の衆が「わいわいわい」言って、「坊主どがいしただろう」とやって来た。

そこで坊主はおき上ってみんなを東西南北へやって、化物退治をさせた。そしてお寺本堂の一番の棟へ上ってみたら、古い古い棟の槌がでた。こいつも鉈でたたき割って、やっつけた。乞食坊主はそこで「もうわしは旅い出るから」と言ったが、村の衆はそれを無理におしとめて、その寺の住職になってもらったとや。

それ昔こっぽり、大山やまのとびのくそ。ひんろろう、ひんろろう。

（岡山県真庭郡八束村[*29]）

さてこれまでの方法にそってこの話を図式化することは難しくないと思います。周縁の他界から不思議な力をもった「さすらいの男」が、物語世界の中心にあるコスモスにやってきてとどまる、〈他界→町〉でおしまいです。[*30] ただ、共同体の中に一ヶ所制御できずにいるカオスが〈寺〉であるところだけが特異です。

ここでこれまでに検討した民話のパターンにあらわれたカオスのタイプを整理してみると三つあります。

第一は共同体をとり囲むカオスそのものである他界。

第二は、共同体そのものがコスモスとしての機能を失った時に体験される一時的なカオス。第三は、共同体内部に市のような祝祭空間として内在するカオスです。

「山寺の怪」の場合の化物寺は、一見すると第二のタイプのように思われます。化物が、いつの間にか共同体の一角を占拠して、人を寄せつけません。「なんぼ住職が入っても、化物がいて食べてしまう」のです。

しかしよく考えてみれば、〈寺〉は第三のタイプの共同体の中に組み込まれた非日常的な空間だと分かるでしょう。それは死者の場であり、他界そのものとして本来共同体の外部か境に位置していたのですが、いつの間にか（主として壇家制という政治的な理由によって）共同体の内部に組み込まれてしまったのです。

僧侶は髪をそり、墨染の衣をつけることによって、生と死との空間を自由に通行することができるようになりました。これは柳田國男もいう通り仏教の大きな手柄でした。

「山寺の怪」の場合のように、寺が化物の支配下におちてしまうことは、村びとにとって困ったことですが、日常生活にそれほど大きなダメージを与えることはありません。本来他界であるところに化物がいるだけです。

しかしできれば、この死者の場を制御し、死者（祖先）と自分たちとの媒介の役を果たしてくれる者（＝住職）がいてくれた方がよいにきまっています。寺は他界ではあっても僧侶という媒介者の存在によって、村の日常生活に繋がっているのです。

だからこの物語の主人公である乞食坊主には、ほどほどの期待しかよせられません。村びとが朝になって寺に集まって来て、「坊主どがいしただろう」という時も、なんとか化物退治してくれただろうかという気持より、どうせ食われてしまっただろうという好奇心の方が強くて不思議はないのです。

しかし、だからこそこの主人公は言葉の持つ不思議な力によって敵を倒した後にも、村にとどまることができたのです。僧としての主人公は、一方においては死者の聖なる世界と交渉をもちながら、世俗の中にもいる両義的な存在です。彼はそのふしぎな力の根源を他界に依存しているのですが、同時に日常の世界のうちにも生きることができるのです。そして同時に彼の闘いの場であった寺も、〈コスモスの中のカオス〉という意味で両義的です。死者の場としての他界の入口であり、他界そのものでありながら、コスモスの中に位置を占めています。この二重の両義性のみが、ふしぎな力を持つ主人公に共同体内部にとどまることを許すのです。

いまもしこの二つの条件のうちどちらか一方が欠けても、彼は共同体を出てゆかなければならなかったでしょう。

しかしここで最後に大きな問題が残されました。

それは〈村→森→町〉という最もオーソドックスな構造をもった民話の場合です。ここでもまた主人公は他界での冒険を経て、不思議な力を身につけて町にやって来ます。しかも彼はその不思議な力の故に新しい王として町の中心にとどまるのです。これはどんな理由によるのでしょう。

それはもうここで詳しく論じることはできませんが、王もまた、その起源においては呪術的な存在であり、その力の根源を他界に依拠していたということが一つの手がかりとなるでしょう。それゆえ、王の城もコスモスの中心にありながら、他界に通じていたのです。

王の呪術についてはフレイザーが『金枝篇』の中で無数といってよい事例を挙げています。かつて王たちは自らの呪術的な力の故におそろしいほどのタブーに囲まれていました。たとえば王は、その聖性によって接触するものすべてを聖にしてしまう危険な存在でしたから、自分の手で食事をすることができませんでした。王が歩いた土地はすべて聖化されてしまうので、大地を踏むこともできませんでした。彼と直接目を合わせた者は、その聖なる威力のために死んだのです。

民話の中にはもう、こんな呪術王は登場しません。しかしそのモチーフの中には不治の病の治癒や死者の再生といった呪術的な能力が王の資格とされることもありました。王もまた聖なる世界と日常との仲介者として両義的な存在なのです。民話の主人公が、ふしぎな力によって町のカオスを癒した時、新しい王として町の中心にとどまるのはそのためであると思います。

注

＊1　周知の通り、日本民俗学では、民話を動物民話、本格民話、笑話の三つに分類します。本稿の中心テーマは、そのうちの本格民話ですが、このジャンルは、アアルネ・トンプソンの『タイプ・インデクス』では ordinary folktales に相当します。トンプソンはこれをさらに①魔法民話 tales of magic　②宗教民話 religious tales　③ノヴェラ〈伝奇的物語〉novella　④愚かな鬼の話 tales of stupid ogre の四つに分類します。

＊2　『定本　柳田國男集・第四巻』一九六三年　筑摩書房　一一頁。

＊3　プロップが『民話の形態学』で示した機能は三十一。それに〈始めの状況〉を加えて三十二の構成要素が数えられます。これを機能の束にまとめる視点は、いくつもあると思いますが、ここでは共同体と他界との関りを考える上で戦略的にトポロジックな視点をとります。

＊4 少し長くなりますが、この機能をプロップのつけた記号と一緒に紹介してみましょう。

まず、ギリシャ文字の始めの状況αとそれに続く七つの機能が、物語の予備段階として登場します。

〔始めの状況－α〕①年長者の不在－β ②禁止－γ ③禁止の侵犯－δ ④加害者の質問－ε ⑤情報の提供－ζ ⑥謀略－η ⑦主人公の協力－θ

つぎに、ラテン文字の加害行為－Aまたは欠落－aに始まり結婚－Woにいたる物語の中心部分が展開します。

⑧加害行為－A または欠落－a ⑨仲介－B ⑩反撃の始まり－C ⑪主人公の出発－↑ ⑫魔法の手段の寄与者の最初の機能－D ⑬それに対する主人公の反応－E ⑭魔法の手段を手に入れる－F ⑮主人公の移動－G ⑯加害者との闘争－H ⑰主人公が印を受ける－I ⑱勝利－J ⑲加害行為または欠落の解消－K ⑳主人公の帰還－↓ ㉑主人公が追跡される－Pr ㉒助かる－Rs ㉓主人公がこっそり到着する－O ㉔にせの主人公がうその主張をする－L ㉕難題－M ㉖難題の解決－N ㉗主人公が識別される－Q ㉘にせの主人公の発覚－Ex ㉙主人公の変身－T ㉚処罰－U ㉛結婚－Wo

実際の魔法民話には、ここに紹介した機能をすべて備えた話は存在しませんが、具体的に機能の役割を説明するために、全ての機能を備えた話を作ってみると以下のようになります。

昔むかし、ある城に王さまとお妃さまが、お姫さまと暮らしていました（始めの状況－α）。①ある日、王さまとお妃さまは、町に出かけました（年長者の不在－β）。②そしてお姫さまに留守の間は外に出てはいけないと言い残しました（禁止－γ）。③しかし退屈したお姫さまが、外に出ると（禁止の侵犯－δ）、④魔女がやってきて、王さまやお妃さまはどうしたかと聞きます（敵対者の質問－ε）。⑤町に行ったと答えると（情報の提供－ζ）、⑥魔女は森に花摘みに行こうと誘います（奸計－η）。⑦お姫さまが森に入ると（主人公の協力－θ）、⑧魔女はお姫さまをさらって、ガラスの山の魔女の家に閉じ込めてしまいました（加害行為－A）。⑨王さまとお妃さまが帰ってきて、助けをもとめると（仲介－B）、⑩ジャックがやってきました（反撃の始まり－C）。⑪ジャックはガラスの山に出発しました（主人公の出発－↓）。⑫森の分かれ道に来ると、お腹のへった狼がジャックに食べ物を分けてくれといいました（魔法の手段の贈与者の最初の機能－D）。⑬ジャックが、パンを分けてあげると（それに対する主人公の反応－E）、⑭狼は子供を一匹、お礼にくれました（魔法の手段を手に入れる－F）。⑮ジャックは、子供の狼の背中にまたがって、たちまちガラスの山の魔女の家につきました（主人公の移動－G）。⑯ジャックが、魔女と戦っていると（敵対者との闘争－H）、⑰お姫さまが赤いバンダナを投げてくれました（主人公が印を受ける－I）、ジャックはバンダナをまいて戦い、⑱魔女をたおし、魔女の宝物を手に入れ（勝利－J）、⑲お姫さまを助け出し（不幸または欠落の回復－K）、⑳いそいでガラスの山を降りました（主人公の帰還－↑）。㉑魔女の仲間が追いかけてきましたが（主人公が追跡される－Pr）、㉒狼にまたがったジャックとお姫さまは、無事に森の入口につきました（助かる－Rs）。㉓ジャックは、そのまま武者修行に出かけ、一年たって村にこっそりもどると（主人公がこっそり到着する－O）、㉔悪い大臣が魔女をやっつけたのは自分だといいふらしていました

（にせの主人公がうその主張をする－L）。㉕ジャックは、本当に魔女をやっつけたのは自分だということを証明しなければなりません（難問－M）。㉖ジャックは、お姫さまにもらった赤いバンダナを見せました（難問の解決－N）。㉗バンダナをまいたジャックを見て、お姫さまはすぐにそれがジャックだと分かりました（主人公が識別される－Q）。㉘大臣のうそはバレてしまいました（にせの主人公の発覚－Ex）。㉙ジャックは、魔女の宝物で美しい若者に変身しました（主人公の変身－T）。㉚大臣は、城を追い出され（処罰－U）、㉛ジャックはお姫さまと結婚して、幸せに暮らしました（結婚－Wo）。

＊5　ウラジミール・プロップ『魔法民話の起源』斎藤君子訳　一九八三年　せりか書房刊　五六頁。訳者は「イニシエーション儀礼」のかわりに「加入礼」という用語を用いています。

＊6　プロップ　前掲書　三六七頁。

＊7　折口信夫は、このことを『古代研究・民俗学篇』などでたびたびのべています。この点についてはまた、岡正雄の論文「異人その他」（「民族」3－6．七九－一一九頁　一九二八年九月）にも詳しく述べられています。

＊8　宮本常一『町のなりたち』来来社　一九八三年　七頁。

＊9　水沢謙一『夢を買う話』長岡書店の会　一九八四年　二七頁。

＊10　共同体の中心に庄屋があるというのは、村落型の日本の共同体の一つの特徴であるかもしれません。宮本常一によれば、この構造は一つのパターンとして日本の町にも受け継がれました。たとえば堺の町は日本

の商人町の一つの典型でしょうが、「南北に長く、真中の大小路を境に、北を北荘（北組）、南を南荘（南組）とよび、南北ともにそれぞれ中央に庄屋があり、また産土神として北には天神社、南には開口社」がありました。その構造は堺から南にある大津、春木、佐野といった町にも見られます。「興ふかいのは堺とおなじく、村の中央に庄屋の家のあることで、庄屋はそれぞれ二反余の屋敷をもっている」（宮本常一　前掲書　二一八-二一九頁参照）

＊11　水沢謙一『越後宮内民話集』　岩崎美術社　一九七七年　一一一-一一四頁。

＊12　母親の墓は、後に見るように他界です。ペローの「サンドリオン」の場合にも主人公の変身には他界の存在（妖精）がかかわっていました。しかしこの他界の存在は、町の他界（祝祭空間）に圧倒されてほとんど目につきません。

＊13　これはプロップの機能でいうと主人公が印を受ける〈I〉の機能にあたります。たとえば「二人兄弟の竜退治」の場合、主人公は竜との闘いの最中に姫から白いハンカチを借りますが、これは後でニセの主人公が登場した時、有力な反証となります。シンデレラのガラスの靴も同じ働きをします。

＊14　ミハイール・バフチーン『フランソワ・ラブレーの作品と中世・ルネッサンスの民衆文化』　川端香男里訳　せりか書房　一九七四年　一三六頁。

＊15　前掲省　一三六頁。

＊16　山口昌男『道化の民俗学』　新潮社　一九七五年　六二頁。

＊17　山口昌男　前掲省　六二頁。

＊18　宮本常一　『民俗のふるさと』河出書房新社　一九七五年　七二頁。

＊19　たとえばカール・ポランニーの『経済と文明』から出発して、独自の都市論を展開した栗本慎一郎の仕事は、分析に若干の荒さはありますが、大変興味深い視点を提起しています。

＊20　山の幸をたずさえて町を訪れる山の神について、折口は幾度も言及しています。たとえば『古代研究・民俗学篇』の中の「山のことぶれ」には次のような記述があります。「祭りの日の市場には、村びとたちは沢山の供へ物を用意して、山の神の群行或は山姥の里降りを待ち構へた。山の神・山姥の舞踊の採り物や、身につけたかづら・かざしが、神上げの際には分けられた。此を乞ひ取る人が争うて交換を願ふために、供へ物に善美を尽す様になった。此山の土産は祝福せられた物の標（シルシ）であって、山人の山づとはこれである。此が、歌垣が市場で行はれ、市場が交易する場所となって行く由来である。そうして、山人・山姥が里の市日に来て、無言で物を求めて去った、と言ふ傳説の源でもある」（『古代研究・民俗学篇』筑摩書房　一九六六年　四六六頁。）

＊21　〈沈黙交易〉については、南方熊楠もつとに言及しています。これは一九一七年「人類学雑誌」所収の鳥居龍蔵の論文に触発されたものですが、例によって小論ながら東西にわたる広い視野にはおどろかされます。（『南方熊楠随筆集』所収「無言貿易」筑摩書房　一九六八年）

＊22　町と商業との関係はもちろん多岐にわたっていて、とても一つのモデルでは語れません。しかしここであ

えて単純化して考えてみることは、民話のトポロジックな構造を理解したり、現在の日本の都市と周縁との関係を理解したりする上で、きわめて有効であると思います。

＊23 私たちは、ここで物語世界の中心に位置する共同体を町と呼ぶことにします。具体的な話の中でたとえ村と呼ばれていても、その共同体が周縁に対して中心としての性格を与えられていれば、トポロジックには「町」なのです。

＊24 この話については、『ハーメルンの笛吹き男』という阿部謹也のすぐれた研究があります。（平凡社一九七四年刊） 話そのものはよく知られていますが、念のためにグリム兄弟の『伝説集』から阿部氏の訳を借りて例話をあげておきます。

一二四九年にハーメルンの町に不思議な男が現われた。この男は様々な色の混ざった布でできた上衣を着ていたので「まだら男」と呼ばれていたという。男は自らネズミ取り男だと称し、いくらかの金を払えばこの町のネズミどもを退治してみせると約束した。市民たちはこの男と取引を結び、一定額の報酬を支払うことを約束した。そこでネズミ捕り男は笛をとり出し、吹きならした。すると間もなく、すべての家々からネズミどもが走り出て来て男の周りに群がった。もう一匹も残っていないと思ったところで男は〔町から〕出て行き、ネズミの大群もあとについていった。こうして男はヴェーゼル河までネズミどもを連れてゆき、そこで服をからげて水の中に入っていった。ネズミどもも皆男のあとについて行き、溺れてしまった。

市民たちはネズミの災難を免れると、報酬を約束したことを後悔し、いろいろな口実を並べたてて男に支払いを拒絶した。男は烈しく怒って町を去っていった。六月二十六日のヨハネとパウロの日の朝——他の伝承によると昼頃となっているが——、男は再びハーメルンの町に現われた。今度は恐ろしい顔をした狩人のいで立ちで、赤い奇妙な帽子をかぶった男は小路で笛を吹きならした。やがて今度はネズミではなく四歳以上の少年少女、が大勢走り寄ってきた。そのなかには市長の成人した娘もいた。子どもたちの群は男のあとをついて行き、山に着くとその男もろとも消え失せた。

こうした事態を目撃したのは、幼児を抱いて遠くからついていった一人の子守娘で、娘はやがて引き返して町に戻り、町中に知らせた。子どもたちの親は皆家々の戸口からいっせいに走り出てきて、悲しみで胸がはりさけんばかりになりながらわが子を探し求めた。母親たちは悲しみの叫び声をあげて泣きくずれた。直ちに海陸あらゆる土地へ使者が派遣され、子どもたちか、あるいは何か探索の手がかりになるものをみなかったかが照会された。しかしすべては徒労であった。消え去ったのは全体で百三十人の子どもたちであった。

二、三人の人のいうところによると、盲目と唖の二人の子どもがあとになって戻ってきたという。盲目の子はその場所を示すことが出来なかったがどのようにして楽師〈笛吹き男〉についていったのかを説明することはできた。唖の子は場所を示すことはできたが、何も語れなかった。ある少年はシャツのまままとび出したので、上衣を取りに戻り、不運を免れた。この子が再びとって返したとき、他の子どもたちは丘の穴のなかに消えてしまっていたからである。

子どもたちが山門まで通り抜けていった路は十八世紀中葉においても（おそらく今日でも）舞楽禁制通りと呼ばれた。ここでは舞踊も諸楽器の演奏も禁じられたからである。花嫁行列が音楽の伴奏を受けながら教会から出てくる時も、この小路では楽師も演奏をやめて静粛に通りすぎなければならなかった。子どもたちが消え失せたハーメルン近郊の山はポッペンベルクと呼ばれ、麓の左右に二つの石が十字形に立てられていた。二、三の者のいうところでは子どもたちは穴を通りぬけ、ジーベンビュルゲン（今日のハンガリア東部の山地）で再び地上に現われたという。

ハーメルンの市民はこの出来事を市の記録簿に書き留めた。それによると、市民は子どもたちの失踪の日を起点にして年月を数えていたという。ザイトフリートによると、市の記録簿には六月二十六日ではなく、二十二日と記されているという。市参事会堂には次のような文字が刻まれている。

キリスト生誕後の一二四八年に
ハーメルンの町から連れ去られた
それは当市生まれの百三十人の子どもたち
笛吹き男に導かれ、コッベンで消え失せた

また新門には次のようなラテン語の碑文が刻まれている。

マグス〈魔王〉が百三十人の子どもを町から攫っていってから、二百七十二年ののちこの門は建立された。

一五七二年に市長はこの話を教会の窓に画かせ、それに必要な讃を付したが、その大部分は判読不可能になっている。そこにはひとつのメダルも彫られている。

＊25 山口昌男　前掲書　三九頁および一〇七頁参照。

＊26 蔵持不三也『祝祭の構図』ありな書房　一九八四年　六五頁参照。

＊27 阿部謹也は、『ハーメルンの笛吹き男』の中でヴァルツブルグの自然科学者アタナシウス・キルヒャー（一六〇一－一六八〇）の残した〈笛吹き男〉伝説の記録を紹介しています。キルヒャーの記録はグリムの話のモチーフをほとんどすべてそなえていますが、ここで注目すべきなのは、笛吹き男の服装（「奇妙な姿をした男」）と笛吹き男＝悪魔という記述です（前掲書　一九頁参照）。

＊28 山口昌男もまた道化と悪霊のかかわりを説いています（山口昌男　前掲書　五一頁以下参照）。

＊29 稲田浩二・福田晃『蒜山盆地の民話』三弥井書房　一九六八年　二五三頁参照。

＊30 「山寺の怪」は、もちろん村を舞台にした話です。しかしこの話には村しか登場しません。村は民話世界の中心にあるコスモスです。だからここでは、民話のトポロジーの約束に従って、これを「町」と考えます。

第II章

ふしぎな世界の住人たち

妖怪と幽霊と神

1　妖怪と幽霊

日本のあやしい話、おそろしい話としての怪談には、二つのタイプがあると考えられます。その一つは、『四谷怪談』や『番町皿屋敷』に代表されるようなおどろおどろしい幽霊話であり、あとの一つは雪女、天狗、河童のような異類から、狐、狸、猫のような動物までが登場する妖怪譚です。この両者の間には化猫話のような複合型もありますが、一般にかなりはっきりとした性格の違いがあるように思われます。

まず幽霊の場合は、「お岩」とか「お菊」とか固有の名前があって、多少顔色が青白かったり、足がなかったりしても、かならずそれとわかる人の姿をしています。それはこの世に思いを残した死者の霊であり、その思いには様々あっても、とにかくその思いが晴れればいそいそとあの世に旅立ってゆきます。

これに対して妖怪の方には、固有の名前がありません。たとえば小泉八雲の『怪談』で雪女が「お雪」、柳の木の精が「青柳」と呼ばれても、それはいわば世を忍ぶ仮の姿なのであって、その正体は人間とはまったく別の世界に棲むものなのです。

したがってそこには、人間が妖怪本来の領域を侵犯したり、タブーを犯したことに対する怒りはあっても、怨みといった人間的感情が介在することはまれです。そして、たまさか妖怪が人の姿をして現れても、いつも「実は人間ではない」という異類特有の不気味さが、まとわりついて離れないように思われます。

幽霊と妖怪とのこの違いから二つの話の恐怖の質の違いが生まれてくるのでしょう。

幽霊話の恐ろしさは、一言でいえば死者との出会いの恐怖です。たしかに『四谷怪談』のお岩の髪梳きや小平の戸板返しはそれだけで見るも無惨な仕掛けですが、もしそれが一度殺したはずのお岩であり小平でなければ、伊右衛門があれほど恐れはしなかったでしょうし、観客ももっと冷静に構えていられたはずです。

猫また（鳥山石燕『画図百鬼夜行』1776年）

幽霊はいかに変貌をとげていても、かならずその正体が生前よく知っていた死者であるから恐ろしいのです。そしてさらにその恐れの感情は、見る者の罪の自覚を通して深化されます。つまり伊右衛門がお岩に対して深い罪の意識を抱いていなければ、これほどの恐れはありえないのです。

ところが妖怪譚の恐ろしさはこれとはまったく性質が違います。妖怪譚の場合には、万一妖怪と思った者の正体がよく見知ったものであることがわかれば、恐ろしさはたちまち半減してしまいます。その恐怖は、たとえば「鍛治屋の婆」のように何年も一緒に暮らして来た婆さまが実は猫であったとか、「食わず女房」のように美しい妻が実は山姥であったという風に、幽霊話とは別のプロセスをとります。つまりその恐ろしさは、よく知っているはずの世界がいきなり裂けて、まったく別のもう一つの世界が顔を出した時に体験される恐怖なのです。

妖怪が人間としての仮の姿をとらず、そのまま天狗や河童や大入道として現れる場合の恐怖もこれと同じです。人は山や川や辻で、会ってはならぬはずのものに出会うのですが、その場所は本来よく見知ったところなのです。ところが妖怪の出現とともに、そこは一挙に日常の経験を越えてしまい、とても常人の手には負えないもう一つのふしぎな世界（他界）に変質してしまうのです。

幽霊と妖怪の三つ目の違いは、その出現の場所と時間でしょう。両者はともにこの世のものではありませんから、あたりかまわずいつどこへでも出るというわけにはいきません。しかしその出現には柳田國男も『妖怪談義』の中で指摘していることですが、幽霊と妖怪との間に微妙な違いがあります。

　まず出現の場所について、妖怪は出現の場所がだいたい決まっています。たとえば「いらず山」「たたり山」などという山中の恐ろしい空間にわけ入ったり、畑をつくったりするとかならずたたりがありますし、天狗の木、お留木といった神木や石のような異界の者が依りつく〈依り代（よりしろ）〉にうかつに手をつけてもいけません。そのほか水辺、峠、村境、辻などの境界性の強い場所、寺、宿、蔵、座敷など特定の場所があぶないのです。だからどうしても妖怪に会いたくない人は、そんな場所を避けて通ればよいのです。

　これに対して幽霊の方は、橋のたもとの柳の木の下あたりとか、好みの場所も多少ありますが、一度怨みに思ったらどこへでもとことんやって来るようです。柳田國男も「幽霊の方は、足がないという説があるにも拘わらず、てくてくと向こうからやってきました。彼に狙われたら、百里も遠くへ逃げても追掛けられます。そんなことは先ず化け物〔妖怪〕には絶対にないと言ってもよろしい」とうけあっています[*1]。

　次に幽霊と妖怪の出現の時間ですが、妖怪の方はだいたい夕闇せまる薄明りにヌッと出ることに相場が決まっていたようです。これはちょうど昼と夜との境界の時間ですが、かつてこの薄明の時が「オオマガトキ（逢魔が時）」「タソガレドキ（誰そ彼時）」「カワタレドキ（彼は誰時）」など呼ばれていたことを考えあわせてみると面白いと思います。今となっては夕暮などは恐ろしくもなんともありませんが、かつてはこうした時間に「魔」と出会うこともあり、それゆえに「誰か」と大声で誰何《すいか》したり、「お晩でございます」と丁寧に挨拶したりしたのです。

幽霊は、これに対して草木も眠る丑みつ時に何処ぞの寺の鐘が陰にこもって響くと、なま温い風がスーっと吹いてやって来ます。ここでも柳田國男は、妖怪は人に見られて怖がられてこそ価値があるのであって、「夜更けて草木も眠るという暗闇の中へ出かけて見たところで商売にならない。しかも一方には晩方の幽霊などというものは、昔から聞いたためしがないのである」と両者の明確な違いをといています。*2

出現の場所についても時間についても、柳田が妖怪に関して強調しているのはその境界性です。幽霊の方にはこうした約束がなく、ずっと無原則的に人間の領域に侵入してくるのですが、それは幽霊が妖怪に比べてずっと正統性が乏しい存在だからなのです。

柳田のこうした区別の背後には、彼のよく知られた妖怪観があったことはいうまでもありません。

柳田にとって妖怪とは、〈かつて神であったものが人びとの信仰の衰えとともに零落して、恐れの感情のみを後に残したもの〉なのです。人びとは初めのうちこそ妖怪を恐れ、敬して遠ざけていましたが、そのうちしだいにその力を試してやろうという気になり、最後には俵藤太や源頼光のようにこれを退治したり屈服させてしまう者が現れたというのです。

柳田はこれを「妖経学の初歩の原理」と呼び、かなり素朴に信じていました。妖怪の歴史を正しくたどることによって、日本人の固有の信仰に至ることができると考えていたのです。彼が『妖怪談義』を書き、神の痕跡をとどめた妖怪を一介の死者の霊である幽霊と区別しようとしたのもそのためであるといえるでしょう。

しかし近年の小松和彦や宮田登の指摘をまつまでもなく、日本の神と妖怪と幽霊との関係はきわめて複雑で、どれが先でどれが後ということは簡単にいえません。この難しさをいちばんよく知っていたのは他ならぬ柳田國男自身であると思うのですが、この妖怪の「進化過程」に関する指摘はいかにも軽すぎます。そこでここでは進化の問題はカッコに入れて、妖怪と幽霊、それに神の問題を加えてその恐ろしさについてしばらく考えてみたいと思いますが、その際たいへん参考になるのはイギリスの文化人類学者、E・リーチのタブーに関するいくつかの論文です。リーチの考えの中で、とりあえず私たちの役に立ちそうなところだけ取りだして図式化してみれば、およそ図①のようになります。

この図にそってリーチの考えを要約してみましょう。*3

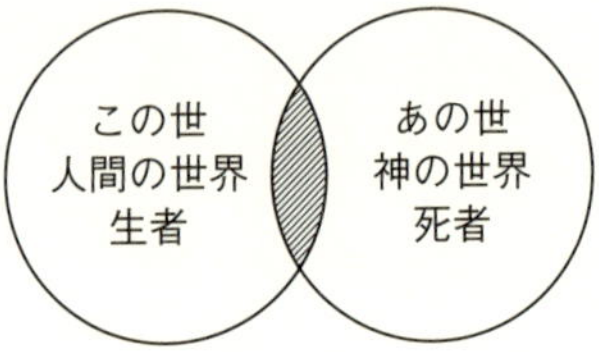

図①

およそ宗教の信仰はどこでも生者と死者を区別し、生者の国である〈この世〉に対して、死者の国である〈あの世〉を創り出します。この世には不完全で死すべき〈人間たち〉が住んでいますが、あの世には不死の〈非-人間（神）〉が住んでいます。

しかしこの二つの領域の対立は、そのままでは都合が悪い。別の世界のはるかなる神の存在は、理屈ではわかりますが、親しみがないのです。神がいざという時にこちら側の世界の役に立つためには、人間のすぐ近くにいなければなりません。そこで宗教は二つの領域の間をつなぐ媒介を用意することになりますが、その境界領域（図①の斜線部分）は〈聖〉と〈穢れ〉の両義的な対立をともなった激しいタブーの場となるのです。

境界の領域は、たとえばキリスト教の場合のように聖なるものと穢れとが二極分解して、聖の側に肉体をもった神（キリスト）、処女である母（聖母マリア）などがいて、穢れの側に神でも人間でもない一群の悪魔や堕天使がいるという場合もありますが、日本人の固有信仰の場合には、こうした体系化がまだ深刻な影響を与えていないように思われます。つまり妖怪も幽霊も〈あの世〉と〈この世〉、〈神の国〉と〈人間の国〉との境界領域をさまよっていて、いずれも程度の差はあれ、聖と穢れの両方のシルシを身につけているようです。

そこでまず比較的わかりやすい幽霊の場合を考えてみましょう。

日本人の伝統的な死生親によれば、人は死ねばこの世（生者の領域）を離れてあの世（死者の領域）へと赴きます。しかしそうはいっても、死ねば誰でもが気持ちよくあの世へ旅立てるというわけではありません。中にはこの世に気がかりや未練を残したいわゆる往生際の悪い奴もいますし、さらには激しい怨みをもってこの世を去り難く思っている者もいます。こういう死者たちはあの世にも行けないし、この世にも留まれないので、あの世でもこの世でもない世界（逆にいえばあの世でもこの世でもある世界）に身をおいて、時々闇にまぎれてこの世に顔を出すことになる。この曖昧な領域が図①の斜線の部分です。

もちろん幽霊は死者ですから存在自体がまだ浄化されていません。魂も怨みなどによって曇っています。そこで圧倒的に穢れを背負わされることが多いのですが、中には「子育て幽霊」やある種の継子話のように、死んだ母が超自然的な力を発揮して子を守る話もあります。また落語の「のざらし」のように粋な幽霊の報恩譚もあります。いずれにしても、ここは死者にとって一時しのぎの場ですから、幽霊も気がかりや怨みが晴れれば喜んであの世へ去ってゆきます。そしてあの世に行った死者はたいがい時とともに御先祖様（祖霊）と合体して、そのまま神になってしまう。だからもともと日本の幽霊は神にきわめて近い存在であったと言ってもよいと思います。

ですからこうした幽霊のあの世とこの世との間の往来は、神についての伝統的な考えの中にも生きています。よく知られている通り日本の神は、あの世を支配し遠くから人間の世界を見守るような超越的な性格が強くないかわりに、祖霊として盆や正月を中心に季節ごとに配置された祭りのたびに私たちの世界にやってきて、いっしょに楽しく時を過ごしたり、贈り物の交換をするような、身近で、親しい存在であったのです。

たとえばかつて富山の子どもたちはお正月に歳徳神を迎えるためにこんな唄をうたっていました。

正月さん　正月さん
どこまでござった
くるくる山の下までござった
お土産なんだ
榧（かや）や搗栗（かちぐり）、蜜柑（みかん）に昆布繭玉（まゆだま）ふってござった。

こうして訪れた正月の神は、子どもたちにはお年玉を、大人たちには豊かな実りや家内の安全をもたらしたのですが、ただ優しい保護者であるばかりではありませんでした。たとえば男鹿のナマハゲや甑島のトシドンのように鬼そのものの相貌をした荒々しい小正月の訪問者もありましたから、これを迎える人びとは身を謹み、家の奥にじっと潜んでいなければなりませんでした。

もちろんこれらの怖い訪問者も、ひとあばれして脅しまわってしまうと、ゆっくりとくつろいで福を授けて帰ってゆくのですから、そこには神そのもののもつ両義性が素朴な形で表現されていたといってよいでしょう。つまり日本の神は、一方において豊穣の源であり、安全の保護者であるのですが、同時に激しい裁きの神であり、時には理不尽ともみえる怒りを発揮することもあったのです。

なまはげ（岡本太郎撮影 ©岡本太郎記念現代芸術振興財団）

かつての人びとは、こうした神の両義性を熟知して、一方においては神の来訪を待ちのぞみながら、一方においては神にみだりに出会うことを恐れていました。だからこの矛盾を解決するための上手な仕掛けを持っていました。それがたとえば注連縄《しめなわ》です。つまり神が町や村を訪れた時には、その在所を神木や神輿や井戸や神棚などの決められた数か所に限定し、そこに目印の縄をはって人間もそこにはめったに近づかぬかわりに、神もまたそこから出歩かないように境界を定めてしまう。

そしてその注連縄の張られた場所こそ、この世（人間の世界）に向かって開かれたあの世（神の世界）の入り口ですから、あの世でもこの世でもない曖昧な空間（図①の斜線の部分）なのです。祭りに際して、神はここを訪れ、人びとの歓待を受け、恵みを与え、祭りの終わりとともに去ってゆく。そして祭りの後、神がなおもとどまり、日常生活空間を徘徊することは、人間にとってきわめて危険なことですから、人びとは祭りのあいだ神がとどまった正月のお飾りをどんど焼きなどの火で燃やし、お盆にご先祖さまを迎えた盆棚や精霊船をすみやかに川に流して、神さまやご先祖さまにあの世へ帰っていただく。ただしそれでもなお数ヶ所神の国への入り口を残すために、町や村に神社をおき、家に神棚をまつったりするのです。

このような日本人の複雑な神観念を理解するためには、図①を同心円に書きかえて、図②のようなモデルを考えると便利かもしれません。つまり神は祭りになると、たとえばユズリ葉に乗って神の世界であるあの世から、人間の世界であるこの世までやって来る。しかしたいていは一挙にやって来るわけではなくて、「くるくる山の下」とか「峠」とか「桐山の坂」とか「お地蔵さまの門」とかで一休みします。そしてその一休みの場所は、だいたい狭い意味でのこの世である私たちの日常生活空間と、その外側との境界（図①、図②の斜線部分）として意識された特定のシルシつきの場所であることが多いのです。そして神は、こうした境界で一休みした後で、おもむろに日常生活空間内部に設けられた神の場である門松や正月棚やお供えの蜜柑の上へやって来るのです。

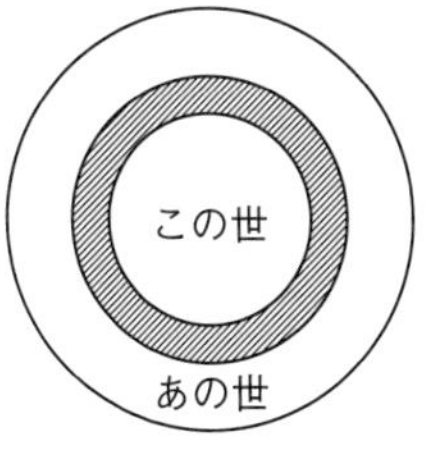

図②

しかしよく考えてみると、神が身をやすめ、旅の疲れをいやした境界の峠や坂、さらには神木や石こそ、実は天狗や河童や大蛇といった妖怪の出没する恐ろしい場所と奇妙に一致するのではないでしょうか。

ちょうどキリスト教世界において、神と人間との境界の領域に天使や悪魔がいるように、日本の場合にはそこに妖怪がいます。しかし日本の場合には、やっかいなことに神と妖怪との区別がかならずしも判然としていません。たとえば、神の中にも祟り神、疫病神という言葉が示す通り、もっぱら恐ろしい禍いをなす神がいます。また神でありながらその本来の姿が鬼であったり蛇であったりする（つまり妖怪である）ものも少なくありません。そして妖怪の方も一方的に災いをもたらす者はむしろ少なくて、何かのきっかけでふと変化して、たちまち幸せや宝物をもたらす両義的な存在が多いのです。

このように、日本的信仰の世界においては幽霊と妖怪と神との関係はきわめて複雑です。初めに見たように話のジャンルとして幽霊話と妖怪譚を区別することはそれほどむずかしくはないようですが、そこから一歩踏み込んで神との関係を考え始めると曖昧な領域が広がってきます。しかし実はこの曖昧さが、いちばん大切な問題を含んでいるのですから、ここではそれを性急に切り捨てることは避けようと思います。むしろ妖怪の定義をできるだけ広くとらえて、第2節では神や幽霊と境界を共有しているものも含めて妖怪と民話との関わりを考えます。また第3節では、今日的な意味で超自然の能力を発揮する怪獣やロボットのようなSF的存在まで仲間に入れ、妖怪と他界との関わりを考えてみたいと思うのです。

2　民話のなかの妖怪

民話の世界には、数多くの妖怪が登場します。ことに民話の中核をなすと考えられる本格民話（魔法民話）の場合には、鬼、天狗、河童、山姥、猫、狐、狸など枚挙にいとまがありません。しかしこれらの妖怪の登場する話が、すなわち怪談とか妖怪譚と呼ばれるのかというとまったくそうではありません。

そこにはもちろん恐ろしい妖怪との闘いとか、死とか、数々の不思議が展開されるのですが、恐怖が恐怖のまま終わってしまうことはまずありません。恐怖は、一時的に話の全体を覆いつくすかに見えても、最後にはたいてい主人公の手によって解決され、妖怪は退治されてしまいます。そしてさらにその退治された妖怪が後にすばらしい財宝を残し、主人公に幸せをもたらすことも少なくないのです。

こうした民話の諸相を分類整理し、通常の民話と妖怪譚を区別することは、当初から民話研究の難問の一つでした。

たとえば柳田國男は、よく知られた通り完形昔話と派生昔話とを区別しましたが、その中で

天狗（鳥山石燕『画図百鬼夜行』1776年）

も妖怪が大きな比重を占める話として完形昔話には「厄難克服」、派生昔話には「化物話」という二つの話群をあげています。

この二つの話群の相違は、主人公の妖怪に対する態度に起因するといってよいでしょう。つまり「なら梨とり」や「猿神退治」のような完形昔話の主人公は、山中や村境などで妖怪に会っても冷静にこれに向き合い、交渉したり闘ったりして、最後にはその難局を切り抜けます。時には、知恵や力をさずかったり、素晴らしい贈り物を手に入れることもあります。これに対して「猫と南瓜」「法印と狐」などの派生昔話の主人公は、妖怪の恐怖に圧倒されて、かろうじて生命を保つというのです。

柳田のこの分類の背後には、民話を神話的英雄譚の派生と考え、さらに民話を〈完形〉と〈派生〉とに分けるという、あの壮大な理論が横たわっているのですが、このように見事に話を分類するのはたいへんです。

たとえば柳田は「食わず女房」を完形昔話、「化物退治（山姥の糸車）」を派生昔話としているのですが、主人公の知恵と勇気、そして神の加護の働きのいずれからみても、これは奇妙な選択といえます。

おそらくこのような困難を克服する目的もあって、関敬吾は民話に〈動物〉、〈本格〉、〈笑〉という三分類を提起し、独自の『日本昔話集成』というタイプ・インデクスをつくり上げたのです。彼の分類は柳田に比べて、確かに平易であり、しかも数多くの話を体系化することに成功しました。しかしその反面、柳田の場合のような民話を位置づける強固な論理を棚上げしているので、細部には未解決の問題も少なくはありません。

私たちはここで、関が民話の中核をなすと考えて〈本格昔話〉と呼んだジャンルを一つの素材として、人間と妖怪との関係を
(1)退治譚という敵対関係に向かう系列
(2)歓待譚という友好関係に向かう系列
という二つの系統に分けて考えてみることにしたいと思います。

そうすると最初に目にとまるのは、人間が人間以外の〈異類〉と結ばれる〈異類婚姻譚〉です。

〈ヘビ、サル、オニ、河童などの人間以外の異類が美しい若者や娘に変身して（あるいはそのままの姿で）人間のもとに通う話は、全国各地に数多く分布しています。関はこれをさらに①人間

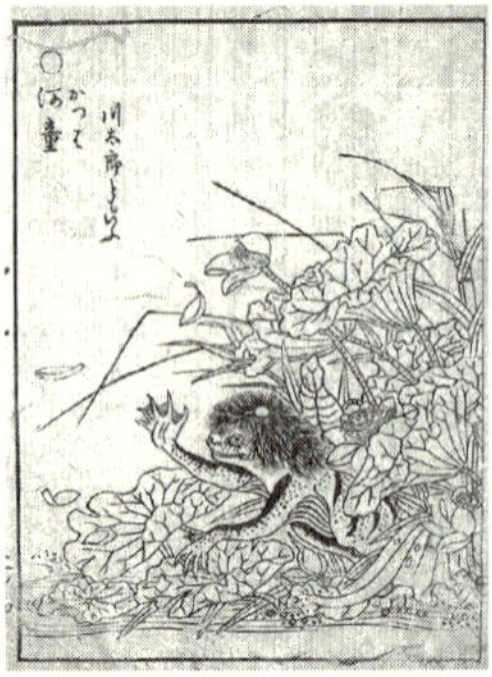

河童（鳥山石燕『画図百鬼夜行』 1776年）

の女と異類が結ばれる〈異類婿〉②人間の男のところに異類が通ってくる〈異類女房〉の二つにわけて、合計十九の話型をあげています。

このタイプの日本の民話の大きな特徴は、ヘビやサルなどの異類の婿が一般にいまわしいものとされ、主として娘の才覚によって退治されてしまう〈妖怪退治譚〉に終わるのに対して、ツルやキツネやキノコや天人などの異類の女房が、きわめて自然に受け容れられて、しばらく男と幸せに暮らすことが多い点でしょう。

もちろん民話における異類と人間の婚姻は、最後まで幸せに終わることはなく、かならず破局が訪れます。異類女房の場合の破局は、たいがい夫のタブーの侵犯によって訪れます。たとえば、よく知られた「鶴女房」の場合には、「決して機屋を覗いてくれるな」という禁止を破って夫が女房の本来の姿を見てしまうと、正体を知られた女房（＝異類）はさみしく泣きながら去ってゆくのです。

関はこの二つの異類婚に難題婿（「絵姿女房」「播磨糸長」など）を加えて、「婚姻」という大きな一項目にまとめていますが、この分類は柳田の『日本昔話名彙』とも一致します。

ただし柳田の場合には、そこに「幸福なる婚姻」として〈幸福な〉という形容詞が一つ加わるところが面白いのです。実際の話をみれば、ほぼすべてが不幸な結末に終わるのに、なぜ異類と人間の婚姻が〈幸福〉なのか。これもまた前に述べた通り、民話を〈神話的英雄譚の名残り〉と考える柳田の民話観のなすところと考えなくてはなりません。

『古事記』や『日本書紀』のような神話レベルまで遡れば、異類との婚姻はかならずしもいまわしいものではないのです。そこにはもちろんスサノオとヤマタノオロチの闘いのように妖怪退治譚もありますが、同時に三輪山説話のように、娘がヘビの姿をした神と結ばれ、子孫を残す〈神婚譚〉もあります。そして何より『海幸山幸』の場合には、人間の男が二代にわたってトヨタマヒメ、イクタマヨリヒメという異類（海神の娘＝ワニ）と契り、カムヤマト・イワレヒコ（神武天皇）を生みます。この場合は、異類（ワニ）との結婚は決しておそろしいものではなく、むしろ天皇族の正統性を示す「幸福なる婚姻」であったというのです。

しかし現実の民話のレベルでは、こうした神話的な展開はおこりにくい。異類はたとえ美しい若者や美しい娘として登場しても、どこか妖しく、冷たい気味の悪さを残していますし、その正体が知られれば殺害あるいは別離に至り、子孫を残すことはまれです。

ただし異類と人間との結婚はたとえ幸福なものではないにせよ、ふしぎな力をもった子どもの「異常誕生」の一つの契機となることもあります。

たとえば、日本各地で語られる「蛇婿入り」の場合には、ヘビの男と結ばれた人間の娘が、菖蒲湯に入ったり、浜の砂を踏んだりして、魔を払い、宿した子種をおろすモチーフは否定的な話が主流ですが、人間の男がヘビの女と結ばれる「蛇女房」の中には、宿った子どもが異常な能力を発揮する神婚型の話がありますし、女房がキツネの「狐女房」や天女である「天人女房」の中にも、残された子どもが特別な占いの力をもつ話もすくなくありません。鬼と人間との間に生まれた子どもが母親の逃走を助けて大活躍する「鬼の子小綱」の話も、その悲劇的な結末はともかくとして、その好例だろうと思います。

とはいえ、異類婚が〈異常誕生〉の一つの契機となり、〈生まれた子どもが特別な力を発揮して妖怪を退治したり、偉業をなしとげる〉というタイプの話は、決して日本民話の主流であるとはいえないかもしれません。民話の世界では、異類と人間の結婚は不孝な結末を迎えることが多いのです。

しかし同じく〈異常誕生〉に関わる話でも、子どものない夫婦が神から子どもを授かる〈幸福な誕生〉を説く話なら全国に数多く分布しています。関は、ほぼ柳田の分類を踏襲しながら、十五の話型を〈異常誕生〉の項目に分類しています。

関の分類を見ても柳田の分類を見ても、異常誕生で生まれた者は、民話の主人公の資格をもち、語りのレベルでは決して異類とも妖怪とも呼ばれることはありません。しかしいつも人間を越えた力を持ち、敵としての妖怪と互角以上にわたり合えるパワフルな存在であるばかりでなく、しばしば目に見える異常のシルシを帯びています。

タニシ（「タニシ長者」）や蛇（「蛇息子」）といった異類の姿をしている場合は言うまでもありませんが、たとえば脇の下に蛇のウロコの痣があったり（「小泉小太郎」）、百貫目の金棒を身につけていたり（「力太郎」）、急激な成長をとげたり（「桃太郎」）、とびぬけて小さかったり（「一寸法師」）、一目でそれとわかることが多いのです。

こうした特徴は、主人公と敵役との間でプラスとマイナスの記号の違いはありますが、妖怪として登場する鬼が角をはやしていたり金棒を持っていたり、河童が皿や甲羅をつけていたり、天狗の鼻が長かったりするのと同じ性格の標示記号（シルシ）であるように思われます。

また異常誕生の主人公が、物語の冒頭でおそろしいまでの食欲で親を悩ませたり（「力太郎」「蛇息子」）、人並みはずれた力で村びとを脅かしたり傷つけたりして（「手斧息子」）、村を追い出されてしまうことも少なくありませんが、これも、鬼や猿神のような妖怪が村を荒し恐怖をまきちらす行為とほとんど等価であると考えてもよいかもしれません。つまり彼らは、妖怪とは正負まったく逆のシルシを帯びてはいても、妖怪の仲間なのです。

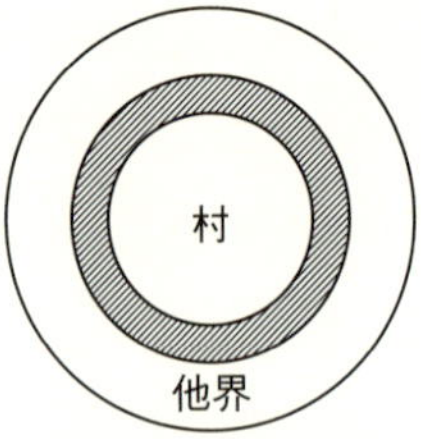

図③

異常誕生の主人公は、もちろん民話の一つのタイプにすぎず、また異常な誕生が主人公にもたらす能力にも話によって変化があります。しかし、民話の主人公はたとえ異常誕生によって生まれなくても、たとえば三人兄弟の末っ子であるとか、極端に貧しい家の息子であるとか、ひどい怠け者であったり、臆病者であったりとか、乞食坊主であるとか、何か特別の〈シルシ〉を身につけていることが多いのです。

こうした主人公のシルシは、異常誕生の主人公の〈神の授け子としてのシルシ〉とまったく同じものではありませんが、それに近いものと考えることはできると思います。というのは民話が主人公に課する試練はいつも特別に厳しいものであって、何かふしぎな能力や神の加護のない者には耐えることができません。そしてこうした特別な主人公のシルシこそ、その特別な能力の保持を示している証拠であることが多いからです。

異常誕生の主人公を一つの典型とする民話の主人公は、ほとんどその定義上授けられている異常な能力によって、静かに村で暮らすことはできませんから、たとえば鬼退治のような自分にふさわしい冒険を求めて村を出てゆきます。

この冒険の舞台は、山とか海のかなたとか、もう一つの町とか、いずれにせよ主人公の生まれ育った共同体の外側にあります。この外側の世界は神の支配地・死者の世界であれば〈あの世〉なのですが、ふつうは鬼や山姥や大蛇など主人公に敵対的な妖怪の支配する場所が多いので、もう少し広い意味で〈ふしぎな世界〉〈他界 Another World〉と呼ぶ方がいいでしょう。

そしてこのタイプの新しい展開をもった話を狭義の「妖怪退治譚」と呼ぶことにして、もう一度図②と同じ同心円モデルを用いて考えてみましょう。この図では、図②で〈この世〉として示した領域が主人公の生まれた〈村〉となり、〈あの世〉として示された領域が〈他界〉となります。（図③）

村はこうしてみると、境界によって守られた人間的な秩序の場です。民話の主人公は、たいがいこの秩序に触れたり、なじめなかったりして村を出発して、もう一つの世界へ出てゆきます。しかし彼はかならずしも一挙に村の外側の世界（他界）へたどり着くわけではなく、その途中の境界領域（斜線で示された部分）でもう一つの世界に関する正確な情報を与えられたり、これからの戦いで自分を助けてくれる援助者と出会ったりします。

このタイプの話のうち援助者を得て敵と闘うパターンは、たとえば「桃の子太郎」や「力太郎」などの場合を考えてみればよいでしょう。「桃の子太郎」の場合には鬼ケ島へ向かう途中で、犬、猿、キジなどが現れてきび団子と引きかえにおともすることを誓います。また「力太郎」の場合には、御堂コ太郎、石コ太郎という力持ちが、それぞれ主人公と力比べをして破れ、弟分になることを約束します。

こうした援助者は民話の語りのレベルでは主人公を助けて闘い、正の価値をもって語られていますが、犬、猿、キジは人間の言葉を話すことによって普通の動物ではないことを示していますし、御堂コ太郎、石コ太郎の方はおそろしい力の持ち主で、力太郎のような異能者はいざ知らず、普通の人間がその怒りにふれればたちまち消しとんでしまうような〈フツーではないヒト〉です。つまり民話の世界では、援助者もまた主人公とは少しちがった意味ではありますが、やはり妖怪の仲間なのです。

そしてまた、民話のなかには、主人公が境界ですばらしい宝物や情報を手にいれる話があります。

たとえば、村はずれでキツネを助けてふしぎな頭巾をもらう「聞耳頭巾」などはその典型ですが、妖怪退治と結びついた好例は「なら梨とり」です。この話の主人公は、母親の病によく効くという梨の実をとり、化物を退治する方法を、山の入口で出会った山姥に教えてもらいます。この場合の援助者も、やはり妖怪であることが多いのです。

妖怪退治譚の主人公は、時にはこうした援助者とともに、あるいはたった一人で、いよいよもう一つの世界の奥にわけ入って敵と闘います。

その闘いは「桃の子太郎」や「力太郎」のように正面きった力の対決もあれば、「牛方山姥」や「山寺の怪」のように知恵の闘いもあります。また場合によっては「猿神退治」のように、主人公よりも援助者の方が大活躍する話もあります。

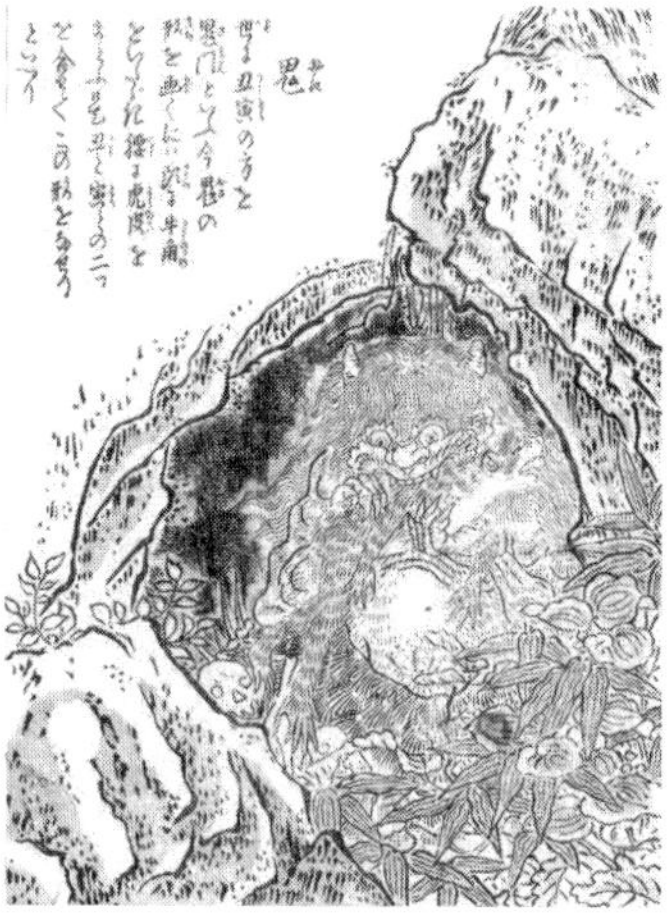

鬼（鳥山石燕『画図百鬼夜行』　1776年）

つまり闘いのタイプは様々なのですが、大切なことは主人公がかならず敵である妖怪を倒し、勝利することです。これはほとんど妖怪退治譚の定義にかかわることであるといってもよいでしょう。

妖怪退治譚の主人公は、初めに何か問題をもっていて、そのために村を出ますが、かならず他界での闘いに勝利し、宝や花嫁を手に入れて、村に帰って幸せになります。

しかしここで、日本の民話を考える上でもう一つ大切なことがあります。それは、民話の世界では主人公や妖怪だけではなく、他界もまた両義的です。つまり民話の一方の極に主人公が異類と激しく対立して、他界で戦い、敵を倒す〈妖怪退治譚〉があるとすれば、もう一方の極には、主人公が異類によって他界へと導かれ、すばらしい歓待を受けるタイプの話があります。

後者の話はふつう「異郷譚」とよばれ、この場合の他界は桃源郷のような美しい世界として語られることが多いのです。そして日本の民話の場合には、このタイプの話の方が妖怪退治譚よりも広い分布をもっているように思われます。

こうした異郷は、「天人女房」や「源五郎の天のぼり」のように天上にあることもあるし、「地蔵浄土」や「竜宮女房」のように地下や水底にあることもあります。また場合によっては、「見るなの座敷」や「舌切雀」のように山奥の隠れ里であることもありますが、いずれの場合も、〈異郷（ふしぎな世界）〉は、死者の世界である〈あの世〉や敵対する妖怪の住む〈他界〉とは、微妙に違いながら、よく似ている、という曖昧な性格をもっているようです。

そのような異郷の性格は、だいたい次の三点に要約されるのではないでしょうか。

まず指摘されるのは、このタイプの話の定義にもかかわり、すでに述べたことでもありますが、民話の主人公は、おおむね異郷で歓待を受けるということです。もちろんそこには「天人女房」の場合のように、天に昇ると次からつぎへと試練を課す厄介な父親が登場することもありますが、たいがいは「浦島太郎」のように得もいわれぬ美しい女と会って、山海の珍味に囲まれたり、土産に宝をもらったり、たいへん好遇されます。

民話を語る方も聞く方も、こういう話を前にするとすっかりよい気分になることが多いので、異郷はさぞ親しみ深いところだろうと考えがちですが、よく考えてみるとかならずしもそうではありません。たとえば「源五郎の天のぼり」や「天に昇った桶屋」に出てくる雷様は、いくら親切でも角をはやしたり虎の皮のフンドシをしたりした鬼そのものです。この天界に棲む鬼の恐ろしさは、日本の話ではありませんが、たとえば「ジャックと豆の木」の巨人を想えば容易に推測できます。また「竜宮女房」や「見るなの座敷」の場合にも、確かに相手は美しい女でしょうが、その正体が蛇やウグイスだと知った時の主人公の気持ちはどうでしょう。つまりいかに楽しく語られていても、異郷は異類（＝妖怪）の世界であり、その異類と最終的に闘うのか、共存するのかが〈妖怪退治譚〉と〈異郷譚〉との一つの分かれ目なのです。

異郷譚と妖怪退治譚との二つ目の相違点は、語り手の〈もう一つの世界〉に対する態度にあります。つまり一般に妖怪退治譚の場合には、異類たちの世界はまったくの〈荒ぶる自然〉〈無

山姥（鳥山石燕『画図百鬼夜行』1776年）

秩序〉〈カオス〉であって、異類たちはひたすら人間世界の秩序を犯し、理不尽な振舞いをするものと決められています。これに対して異郷譚の場合には、異類の世界には人間世界とは別の〈文化〉〈秩序〉〈コスモス〉があって、この世の反対世界=パラレル・ワールドであることが多い。この場合は、異類は恐れよりも憧れをもって見られることが少なくないのです。そこは、時には不死と尽きせぬ富の国であり、美と無限の贅沢があります。

こうした異郷の一つの典型は、「池島太郎」や「竜宮女房」に見られる竜宮でしょう。この美しい水底の国には、地上の世界と同じような秩序があり、中心には支配者としての竜王がいます。この世界は人間界と大変よく似ていますが、一つきわだった違いがあるのは、時間の流れ方です。つまり地上の世界と異郷とでは時間の速度が極端に異なっているので、時には浦島のように竜宮でたった三ヶ月暮らしたつもりが、いつの間にか人間界では三百年たっていたという事態にも遭遇しかねません。また、時には、これとまったく逆のこともおこります。

しかし日本の民話を見わたしてみると、これほど大掛りな時間秩序の違いや、竜宮のように偉い支配者を備えた異郷はたくさんはありません。たいていは「ねずみ浄土」や「見るなの座敷」のように、ごく日常的な暮らしの中で、誰もが空間の割れ目をのぞいた時にふと向こう側に行ってしまいそうな、親しい世界が多いのです。そしてそこに展開される光景はまさに村の日常生活の鏡であり、反対世界であって、〈ハレ〉と〈ケ〉の逆転なのです。そこには日々の労働のかわりにいつまでも終わらぬ祭りがあり、それゆえに主人公はしまいには祭りに退屈してしまいます。

ですから、他界が人間世界（村の暮らし）の反対世界であるという構造は、妖怪退治譚の場合にも異郷譚の場合にもあまり変わりがないように思われます。異類の世界には、いつでも異類の世界にふさわしい秩序が存在するのです。ところが妖怪退治譚の場合には、あくまでも人間の秩序を守る立場で話が展開するので、妖怪の側の論理はすっぽり抜け落ちてしまう。異類はひたすら人間の秩序を乱すカオスの象徴になってしまうのです。

それに対して異郷譚の方は、語り手と聞き手の側の憧れがすっかり異郷に反映されてしまいますから、他界の側の秩序は否が応でも強化されて、たとえば「見るなの座敷」の場合のように、隠れ里は誰一人掃除する者もいないのにいつも塵ひとつ落ちていないような印象を受ける。

こうした語りの側の恐れと憧れとの極端な対比が、第二の相違点を生み出しているのだと言えないでしょうか。

異郷譚と妖怪退治譚とを区別する第三番目の点は、主人公と援助者の性格の相違です。すでに何度も述べた通り、妖怪退治譚の主人公の一つの典型は、異常誕生によって生まれた異類のシルシを帯びた英雄です。妖怪は超自然の力を秘めたパワフルな存在ですから、これを倒すためには主人公もまた超自然な力を備えていなければならないのです。これに対して異郷譚の主人公は、異類と対立することはないから、特別強い力を備えている必要はありません。せいぜい人より信仰が厚いとか、人や動物に対する優しい心をもっているくらいのところでよいのです。しかしこうしたごく普通の人が異郷にたどりつくためには、「浦島太郎」の場合の亀とか「竜宮童子」の場合の蛇や魚などのように、主人公と異郷とをつなぐ契機となる強力な媒介者が必要となります。

この媒介者は、援助者といってもよいのですが、「地蔵浄土」や「ねずみ浄土」の場合のようにオムスビや焼餅のような物であってもよいので、ちょっとやっかいです。いずれにせよ、海や川のほとりとか、山のねずみ穴の入り口とか、この世と他界をつなぐ入り口で、誰かが、あるいは何かが、主人公をふっと他界の側へ誘いこみ、他界への道のりを案内することがなければ、異郷譚の主人公は向こう側の世界へたどりつけないことが多いのです。

もちろんこうした〈媒介者〉の性格は、民話の援助者には一般のものであって、妖怪退治譚の場合にもそれは充分発揮されます。たとえば「なら梨とり」の山姥の助言などはその最たるものでしょう。しかし妖怪退治譚の場合には、他界に向かおうとする主人公の意志は当初からきわめて強く、他界での妖怪との闘いも熾烈ですから、媒介者は主人公の営為を側面から援助するという性格が強くなるのでしょう。そしてその逆に、他界での異類との葛藤のない異郷譚の場合には、援助者は後方に退き、ただ主人公と他界とを繋ぐきっかけだけが残されるように思われるのです。

以上、民話の妖怪退治譚と異郷譚とを二つの極として、妖怪とその棲み家である他界あるいは異郷の問題を考えてみましたが、当然これだけですべてがかたづくわけではありません。たとえば狐話のように本来共同体のはずれ（境界領域）を舞台とする妖怪譚はどうなるのか、「猫壇家」や「猫の浄瑠璃」のように人間とネコのような妖怪とが共生している話はどう考えたらよいのかなど宿題はいくつか残りましたが、最後にもう一度くり返しておきたいことがあります。それは妖怪と他界のもつ両義性の問題です。

民話の世界で、妖怪と他界が同時に恐れと憧れの対象であり、そのどちらかが切り捨てられて一つの極に話が収斂すると〈妖怪退治譚〉か〈異郷譚〉になるという構造はすでに見ました。しかし民話の世界では、妖怪も他界もいつでも両義的なのであって、話が完全に一つの極だけででき上がることは少ないのです。

たとえば妖怪退治譚の典型のように考えられる「桃の子太郎」や「一寸法師」にしても、鬼はいったん退治されてしまえば、後に宝や打ち出の小槌を残して主人公を幸せに導きます。また異郷譚の場合にも一度異郷と関わりをもった者は、約束を守りその関わりを失わない限り幸せですが、タブーを破ると一挙に不幸になることが多いのです。

ましてこの二つのタイプの中間に位置する話の中には、妖怪と他界の同義性を中核とする話がいくらでもあります。たとえば、ごくふつうの臆病者が、ふとしたきっかけで恐ろしいはずの妖怪を退治し、宝を手に入れる「宝化物」や「とっつくひっつく」などは、その典型でしょう。いずれも、怖いはずの妖怪が実は隠された宝であったという、両義的な話です。

いずれにせよ民話の世界には、さまざまなタイプの妖怪が登場します。ある意味では、妖怪ぬきの本格民話は成立しないといってもよいでしょう。しかし当然のことながら、妖怪が登場すれば、それがすべて〈妖怪譚〉になるわけではありません。それではいったい何が妖怪譚の決め手になるのかといえば、やはりもう一度柳田國男に帰ってみるのがよいように思われます。つまり彼が〈完形昔話〉と呼んだような超自然的能力をもつ主人公の話には、原則として妖怪に対する恐れはないのです。妖怪を恐れるのは、ただの人間である証拠です。こわい、おそろしい話は人間を主人公とした〈派生昔話〉、〈世間話〉の側にあるといってよいのではないでしょうか。

3　ゲゲゲの鬼太郎とオバケのQ太郎

妖怪と他界の問題を歴史の中に閉じこめてしまうことなく、私たちの時代に解き放つための一つの大切な手がかりは、日本の子ども文化、ことに漫画、アニメ、ＳＦの中にもあります。たとえばテレビの場合、いわゆる妖怪、オバケものの比重はそれほど高くはありません。しかしその仲間に魔女や怪獣を加え、さらにロボットやサイボーグや異星人などを加えると最も視聴率の高い子ども番組の重要なジャンルになってきます。

なぜ妖怪が子どもたちにそれほど支持されるのか。ここではそのすべてを分析しつくすことはできませんが、水木しげるの『墓場の鬼太郎（ゲゲゲの鬼太郎）』と藤子不二雄の『オバケのQ太郎』という二つの代表的な作品を中心に、妖怪と他界との問題をもう一度考え直してみたいと思います。この二つの作品はともに正面から妖怪を主人公としてとらえている点で大変ユニークですが、主人公にはかなりちがった性格が見られるのです。

まず水木しげるの『墓場の鬼太郎』は、出発点となった紙芝居はともかく、その作品としての成長の過程ではかなり伝統的な妖怪論を踏まえて物語世界を広げていった、構造が明確な作品です。

主人公の鬼太郎の出自は漫画の第一話「鬼太郎の誕生」にも詳しく述べられていますが、幽霊族という人間以前の先住異種族に属します。「幽霊」という言葉が死者との関わりの中でどういう位置を占めるのか、少し気がかりですが、人間や後からやって来た民族に追われて他界に隠れた者が妖怪になるという設定そのものは、柳田國男の山人論をまつまでもなく、ゲルマンやケルトの小人や妖精伝承に見られるように普遍的な性格のものです。

また鬼太郎が単なる幽霊族（妖怪）ではなく、父と母の死とともに人間によって育てられ六年ほどのあいだ人間社会で生活を送ったということは、鬼太郎をちょうど人間と妖怪との中間＝媒介的存在として位置させる仕掛けとしても役立っています。

つまり鬼太郎は、砂かけ婆、一反もめん、子泣き爺といった他の妖怪たちと親しく交わり、死者の国とも自由に交通できますが、同時に妖怪にとってタブーである白昼に人間の世界を徘徊することも可能です。つまり『墓場の鬼太郎』とは、読者たちが主人公のこうした媒介的性格を利用して、自分たちの向こう側に広がるもう一つの世界をかいまみる物語といってもよいのでしょう。

おそらくは鬼太郎の方も自分の両義的な性格を充分に心得ていて、人間の世界から遠からず近からずの墓場に続く境界の領域に住んでいます。そして人間社会に現れる時には、ひっそりと目立たぬようにやって来る。

しかしもっとも大切なのは、鬼太郎との交信を保証する妖怪ポストの存在です。ここに、何か困ったことがあると子どもたちが手紙を入れます。するとしばらくして鬼太郎がカランコロンという下駄の音とともにやって来る。この妖怪ポストこそ、民俗学にもなじみの深い日常生活の中に開かれた他界への入り口であり、これもまた寺の裏などの境界に位置しているのです。

鬼太郎は、背景に妖怪や死者の世界を率いていても、終始一貫して境界的な存在なのです。そして何か内側の共同体にピンチが訪れると、外側の世界の仲間と一緒に風のように現れて危機を救い、また風のように去ってゆく。ちょうどかつて一世を風靡した「シェーン」のようなウエスタン・ヒーローや時代劇の用心棒のような〈さすらいの援助者〉なのです。

これに対して藤子不二雄の『オバケのQ太郎』の方は、他界論的にもずいぶん違った性格をもっています。やはりその出自を知るために漫画の第一話「Qちゃん誕生」を開くと、いきなり大きな卵が登場して中からQ太郎がビヨヨーンと飛び出してきます。なんとも乱暴な出だしですが、とにかくオバケの国は空の上にでもあるらしい。

第二巻ではある日突然二階に木の葉の手紙が舞い下りて、Q太郎の両親と妹がやってきます。そしてまず妹のP子が界外留学、さらには弟のO次郎、ガール・フレンドのU子、アメリカのオバケのドロンパの計四名が、主人公の正太の家の近所に住みつき子どもたちに負けないワンパク集団を形成してしまいます。

おそらくは作者自身も当初は予想していなかったに違いないこうした発展は、一見妖怪に対するルール違反をしめすようですが、その底流には人間と異類との交渉に関するきわめて正統的な理解が伺われます。

そのことは同じ藤子不二雄のあと二つのタイプの作品『ドラえもん』と『怪物くん』とを考えあわせてみればよくわかります。

たとえば『ドラえもん』は、主人公のび太少年のあまりのダメ少年ぶりを気づかって、曽孫のセワシ君が二十二世紀の未来から送り届けたネコ型ロボットです。このロボットはもちろん妖怪ではありませんが、自分の意志と感情をもち、超自然に近いふしぎな能力をもっています。

かつての怪談にも夜中に一人歩きする人形とか、フランケンシュタイン型の人造異類が登場しましたが、ドラえもんにはまったくそうしたこわさ、不気味さはありません。素直に物語世界にとけ込んでいます。そしてこの自然さは、「せむしの仔馬」や「聞耳頭巾」で仔馬や狐のような援助者が親しく主人公に話しかけ、手をさしのべるのとまったく同じです。

ただ一つ違うのは、民話の世界の援助者が空を飛んだり、動物の言葉を話したりする能力を主人公に授けるのは魔法の力によるのですが、ドラえもんの場合には、〈タケコプター〉や〈どこでもドア〉といった道具がすべて科学の所産であるということです。つまり科学が想像力の世界でかつての魔法と同じ役割を果たし、新しいタイプの民話を生み出しているのだと言えないこともないのです。

ドラえもんを妖怪と同じ枠組で考えることは、おそらくかなりの抵抗をひきおこすかもしれません。しかし同じ藤子作品でも『怪物くん』の場合には、まったく問題はないでしょう。怪物くんは、怪物ランドの怪物大王の息子であり、正真正銘の妖怪なのです。彼はある夜、主人公のヒロシ少年のアパートの隣りに引っ越してきます。怪物くんの屋敷は町の中にありますが、かなり大きくて怪物くんのほかにもドラキュラ、フランケンシュタイン、狼男の三人の怪物が住み、さらに毎回新手の怪物がやって来ます。

この三つの作品を登場人物の構造からみると、主人公はいつも少し頼りない（ちょうど民話の主人公の末っ子のような）少年であって、そのとりまきにワンパク仲間がいます。その仲間たちの引き越こす騒動をドラえもん、オバQ、怪物くんといった援助者が介入して解決するという共通点をもっています。この点では水木しげるの『墓場の鬼太郎』も大筋はよく似ていると言えないこともありません。

しかし藤子不二雄の作品が、鬼太郎の場合とまったく違うのは、他界との関わり方です。鬼太郎がいつも異類としてのシルシを鮮明にして、子どもたちとは一線を画した境界に住んでいるのに対して、藤子作品の異類は子どもたちの住んでいる町の内部に同居しています。

たしかにドラえもんもオバQも怪物くんも、異類である以上、共同体の外側に「二十二世紀」とか「オバケの世界」とか「怪物ランド」とか本来の棲み家（他界）をもっています。そしてその棲み家は鬼太郎の場合の死者や妖怪の世界と等価であって、彼らのふしぎな力の根源なのです。しかし彼らが子どもたちの世界になじみ、同化し、その内側の世界に住みつくことは、彼らのふしぎな力と物語そのものの性格をすっかり変えてしまうように思われます。

こうした変質の度合いがもっとも激しいのは、オバQの場合です。Q太郎はオバケにふさわしい白装束に身をつつみ、本当ならかなり怖いはずの大目玉、大口をしていますが、子どもたちは少しも恐れません。その最大の原因はもちろん作者のキャラクターづくりの巧みさなのでしょうが、物語構造の上から考えると、Q太郎がオバケでありながら、オバケの世界とほとんど縁を切ってしまったことによるのだと思います。だから姿を消すことのほかには、あまり化け方を知りません。おまけに犬嫌いという欠陥をもち、はじめのうちこそ一通り援助者としての役割を果たしますが、しだいに話の型が決まってくると、すっかりトラブル・メーカーのトリックスター（いたずら者）としての役割が固定してきます。

オバケの世界（他界）はオバケの力の根源ですから、そこと縁を切った妖怪などお皿の水のなくなった河童同様に無力なのです。そしてQ太郎はこの無力さと交換に、ちょうどペットが人間に対して与えるような異類の安心感と共存可能性を人間に示すことになるのです。

オバQは本来オバケですから、人間と一つ屋根の下に暮らすためにこんな工夫が必要になる。これに対してドラえもんのふしぎな力の根源は科学という衛生無害な明るい知識ですから、物語の展開ははるかに自由です。

ドラえもんは、のび太の家という日常空間に暮らしながら、必要とあればただちに四次元ポケットに手をつっこんで未来の発明品をとり出し、机の抽出しに仕掛けられたタイム・マシンにのって異次元の旅をします。

このポケットと机の抽出しこそドラえもんの力の源であり、こちら側の世界からあちら側の世界へと開かれた入り口なのです。この仕掛けのおかげでドラえもんは、縦横無尽に援助者として活躍し力を発揮することができます。この力は鬼太郎の死者や妖怪を背後に控えた力と充分対抗できるほど強力であると言ってよいでしょう。この力によって援助者ドラえもんとワンパク少年グループの行動に幅が生まれ、『宇宙開拓史』や『魔界大冒険』といった長編が可能になったのだと思います。

さて三つ目の怪物くんは、オバQやドラえもんと違って、子どもたちと同じ町内に住みながら独立した一家を構えています。これは町内という日常空間の中に他界を設けることですから、怪物くんのパワーを維持するためには大変有効な仕掛けです。しかしその反面怪物くんと町の日常生活との関係を危うくしてしまいます。怪物くんが活躍すればするほど、町の人たちとは普通に行き来することができなくなる。だからワンパク・グループはすっかり影をひそめ、ほとんどヒロシ一人になってしまう。そのかわり毎回のように新しい怪物が登場する他界中心の物語が展開されることになるのです。

水木しげるの『鬼太郎』を境界領域の妖怪、藤子不二雄の三作品を共同体の内側に共存する妖怪として考えることは、いささか図式的すぎるかもしれませんが、こうした視点が子どもたちからきわめて強い支持を受けた他の作品（たとえば『魔法使いサリー』から『クリーミー・マミ』に至る魔女や変身少女、『グーグー・ガンモ』のふしぎな鳥、『ドクター・スランプ』の主人公アラレなど）を考える上で、かなりの有効性をもつことは否定できません。

そしてさらに同じ妖怪であっても、外側から内側に向かっておし寄せてくる怪獣『ゴジラ』『ウルトラマン』『仮面ライダー』のことを考えてみれば、もう少し明確に今日の妖怪と他界の構造が見えてくるのではないでしょうか。かつても今も、妖怪は私たちの近くにすみ、人間を脅かし魅了し続けて、平板な生活に奥行きを与え、活性化し続けているように思えるのです。

注

＊1　『定本　柳田國男集・第四巻』一九六二年　筑摩書房　二九三頁。

＊2　前掲書　二九三頁。

＊3　E・リーチ「言語の人類学的側面」（『現代思想』一九七六年三月号）参照。

第III章

韓国の神・妖怪・異郷

奄尾里の民話「黄判書」

1　ソウル近郊の村・奄尾里の語りを聞く

奄尾里遠景（1985年）

広州郡中部面奄尾里（ウンミリ）は、ソウル近郊の村で、首都圏の拡大にともなって、いまではすっかり都市化してしまいましたが、一九八五年にはじめて訪ねたときには、まだまだ、山奥の村の風情をとどめていました。村は、ビョクスコル、セマウル、ミラウルの三つの地区に分かれていて、私たちに民話を語ってくれた孔徳天さん（当時七十六歳）の暮らすミラウルは、図④に見るように背後にトタン山とシンマンレンイ山を控え、南側に開けた二十戸程の明かるい自然村で、伝統的に農業を営む百人くらいの人たちが暮らしていました。

　かつて日本の村のはずれには、内と外の世界とをはっきりと区別するために、塞の神（さいのかみ）とか、道祖神とか、地蔵堂などが立っていました。たとえば長野県の北安曇郡白馬村飯森の場合、村境に庚申塔が立っており、村びと

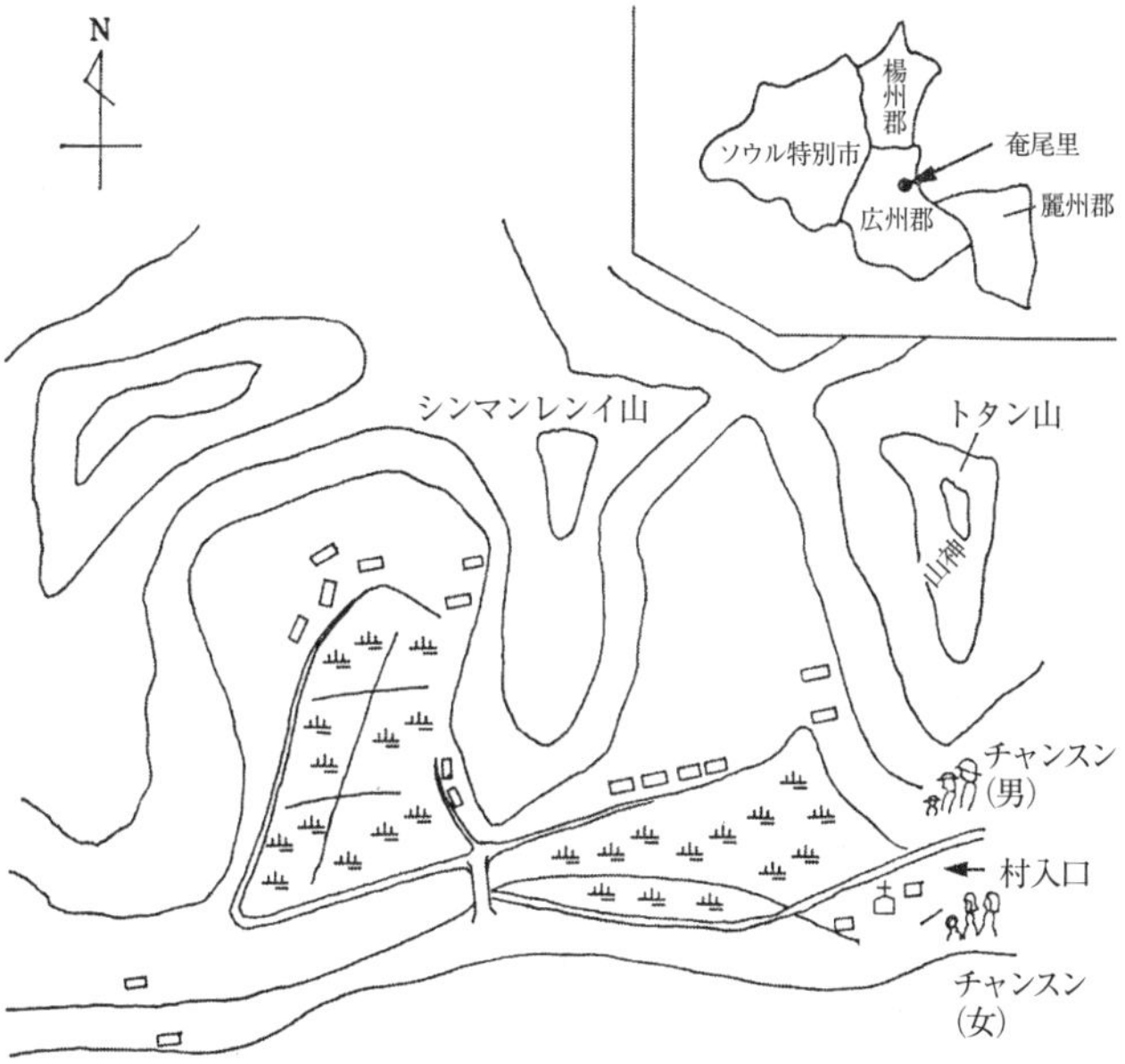

図④　ソウル近郊の村・奄尾里の地図

は庚申内（村内）と庚申外（村外）とを区別していました。庚申さまは、よく知られるように村に悪い疫病が入り込まないように、村を守る神さまで、白馬村の場合には古くから決して庚申外に家を建てないという慣わしがありました。七月に稲の豊かな実りを願って行う虫送りの祭りの際にも、稲の害となる虫は村の西方にあたる庚申の境の外に追い払われたものです。

広州郡の村、奄尾里の入口にも、白馬村の庚申さまと同じく、入口を守る神（チャンスン）が立っていました（図④）。

日本の場合も、韓国の場合も、村には氏神さまや山の神に守られた秩序があり、境界は道祖神やチャンスンによって守られています。村を守る村境の神さまのおかげで、村の人びとは安心で、豊かな実りと健康を約束されてきたのです。

これに対して村の外は、程度の差こそあれ日常の秩序のおよばない危険な場で、村の悪や穢れ（害虫・害鳥など）の捨てられる場所であると同時に、村に疫病などの悪をもたらすかもしれない危険な場所として怖れられていました。

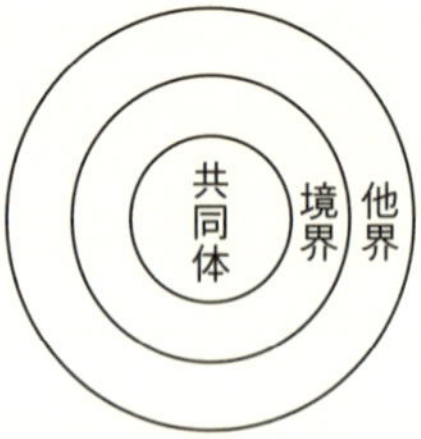

図⑤

しかしその一方で、いつも変わらない村の生活は、時とともに、よどみ、疲れがかさみます。せまく閉ざされた空間に、限られた人びとが住んでいると、村人はみな知り合いで安心ですが、暮らしはやはり単調です。村の秩序は、生活に安定をもたらしますが、同時に人びとの希望もおしつぶします。村の秩序は昔から決められていて、家柄の低い者は決して人の上にはたてないのです。

こうした変わらない村の生活に対して、新しい希望や価値や富や活気をもたらしたのは、境界の外側の人びとであり、チャンスンや道祖神の向こう側に広がる〈他界〉はそうした新しい価値の根源となったに違いありません。

だから日本でも韓国でも、村の人たちは、正月や日本のお盆にあたる秋夕などの季節の祭りの折には共同体の外側から神をむかえ入れてきました。日本の場合には、正月には、餅をつき、門松をたてて、お正月の神さま（歳神）を迎えてきました。韓国の場合には、華やかな衣装を身にまとった農楽隊が、鉦や太鼓をたたいて踊り、家々を祝福してまわります。

村の入り口を守るチャンスン

また神ではなくとも、旅の芸能者や、商人や職人も、村に不可欠の娯楽や商品や技術をもたらす大切な人でした。こうした人たちは、村びとたちから大いに歓迎され、重宝がられましたが、同時に漂泊民として軽蔑されてもいました。彼らは決して村にとどまることはなく、外側の人間として、かならず村から出てゆかねばならない運命にありました。
このように、村の外側の世界（＝他界）

は聖と穢れ、怖れと希望、富と死といった両義性をもって、共同体の外側にあり、日常空間とするどく対立してきたのです。これが共同体に住む人たちの伝統的な世界観であり、このような生活者の意識は、図⑤に示すような村と他界の生活空間の対立関係（＝トポロジー）を生み出してきました。そしてこの村びとの伝統的な世界観は、村の生活空間と相似形の物語空間を生み出します。

伝統的な村共同体に語り継がれた民話は、村の生活空間と同一の構造を基本としています。ですから、民話の主人公がまず村を出なければなりません。彼らは、しばしば貧しかったり、継子であったり、怠け者であったり、愚鈍であったり、不具であったりして、村にいて村の秩序に従っているかぎり幸せにはなれないのです。

村の外に広がる他界は、怖ろしく、穢れており、死をもたらすかもしれませんが、同時に、超自然的な力との出合いによってすばらしい富や力を与えてくれるかもしれない希望の地でもあります。主人公は、主人公であるかぎり、他界の主である超自然的な敵と戦い、かならず勝利します。そして今まで村びとたちの知らなかった知識や富をもたらすために、再び村に帰ってゆきます。

2　村の境を守る神…チャンスンとソナン神

孔徳天さん（当時七十六歳）によれば、この村の歴史は三百年、孔さん自身が下って十代目の草分けの当主です。

ミラウルの一番大切な祭りは、毎年旧暦二月の吉日に行われるチャンスンと山神の祭りです。この日村びとは朝から山に入り、太い榛の木を伐り倒し、男女二体の新しいチャンスンを作り、村の入口の聖域に立ててお祭りをします。

全羅南道扶安郡牛東里の村の入口に立つソッテ（鳥居）

そして夕暮になると、今度は選ばれた祭官だけが山に登り、トタン山のほぼ頂上の大きな松の木の下で山の神の祭りを行います。山の神を祀るための特別な社や祠はありません。

チャンスンと山の神の祭りは、どちらも村の繁栄と安全を祈願するもので、機能はほとんど同じです。しかしもう少しくわしくみて見れば、山の神は雑鬼を追い払い、病を防いで村を守るだけではなく、作物の豊かな実りを保障する田の神としての性格もあわせもっていることがわかります。これに対してチャンスンは、日本の道祖神と同じく塞の神で、境界神としての役割を果たします。

境界神といえば、このミラウルの村にはもう一つソナンダン（城隍堂）があります。村の入り口のチャンスンより少し手前にある大木の下に、石がケルンのようにいくつも積まれています。それがソナンダンです。ソナンダンの〈ソナン神〉も山神やチャンスンと同じく村を守る神ですが、ミラウルの場合には、やはり村の境界を守る役割を果たしているように思われます。

孔さんの話によれば、たとえばよその村に嫁いだ娘は、里帰りする時についた餅をまずソナンダンに供えてから村に入ります。村に魚商人などが訪れる時には、メンタイを一匹ソナンダンの木に縛りつけて、供えてから村に入ります。村びとが何かの理由で商いのために村を出る時も、やはりソナンダンに商いの品を上げてゆくのです。

図④の地図のように、山に囲まれたミラウルは、背後は山に囲まれて、チャンスンとソナンダンによって二重に守られています。村の中心であるトタン山の頂には山神の祭場があり、チャンスンとソナンダン、そして山神の三つの神は、村の内側の安全と豊穣を約束してきたのです。

山に守られた畑は、農業を営む村の人たちの大切な生活の場ですが、ミラウルの人びとにとっては、山もまた大きな役割を果たしてきました。人びとはそこで木を伐って燃料とし、肥料や飼料となる草を刈り、山菜を摘み、四季折々の生活を潤してきたはずです。

しかし山は同時に、虎が出没すると言われ、夜になれば雑鬼の支配する、おそろしい空間でもあります。人びとは、山神の祭場を聖地として周辺の木を伐りません。そしてチャンスンの祀られたあたりも聖地ですから、木を伐ることがなく、大木が何本もそびえています。チャンスンの立つ聖地の木々は、神の木々であると同時にトケビたちの棲み家でもあります。

3　韓国の妖怪・トケビのはなし

その日私たちは、孔さんにトケビの話を三つ話してもらいました。そのうち二つはトケビと火の玉の話で、それぞれお父さんとお兄さんの経験譚です。二つの話はよく似ているので孔さんの兄さんの話の方を紹介しましょう。

ある夜、親戚の家からの帰り道、兄さんが酒に酔って山辺を歩いてくるとトケビの火の玉に会っ

孔徳天さんから話を聞く崔仁鶴氏（1985年）

た。逃げても逃げても追いかけてくる。

むかしから火の玉には小便をかければよいと言われているので試してみたが無駄だった。やっとの思いで逃げ切ったところで迎えの家族と出会った、というのです。

もう一つの話は、これも孔さんのおじいさんが実際に体験した話として語られています。

むかし、おじいさんが村境のチャンスンのあたりを通ると、夜中すぎなのに一人の大男に相撲を挑まれた。背の高い、電信柱ほどもある男で、おじいさんはへとへとに疲れたけれども、とにかく夜明けまで相撲をとって、やっとそばの大木に縛りつけた。あとになっていってみると、大男の姿はもはやなく、大木には箒に人間の血のついたものが縛りつけられていた、というのです。

この二つの話は、トケビ譚としてよく知られた話で、韓国の村に入ると、よく聞くことができます。しかしここで注目しておきたいのはトケビの現れる場所です。それらはいずれも山と村境という境界の領域なのです。

これらの境界は、それぞれ生活に欠くことのできない大切な場でありながら、時にはトケビの出没するおそろしい場所となる、伸縮自在の両義的な場なのです。これが図⑤に示した、同心円の境界領域の意味です。

ミラウルの境界について、もう一つ話をつけ加えておけば、同じ孔さんの語ってくれたソナンダンの由来があります。

むかし、ミラウルの娘が嫁にゆこうとした時、嫁を迎えることなくして死んだ若い男の魂が青大将となって、村境の大木の陰にひそんでいた。そしてその娘はその悪霊に襲われて命を失った。ミラウルのソナンダンは、その時以来、娘の魂をなぐさめるために大木の下に石を積み、石を積みしてでき上ったのだ、というのです。

これもまた韓国では、なじみのモチーフですが、やはり村の境が魔物の支配する場であることに留意しておきたいと思います。

台所の隅で作業する孔徳天さんの孫

4 「黄判書」…ふしぎな世界の時間と空間

さてこの日、孔さんが私たちに語って下さった一番大切な話は「黄判書（ファンパンソ）」という昔語りです。私たちは初めて聞く韓国の語りに深い感銘を与えられましたが、つぎにこの話を手がかりとして話をもう少し先に進めてみたいと思います。

まず話はこんな風です。

むかし、ソウルに黄判書という人が住んでいました。ある朝、彼は親友の誕生日に招かれて家を出ると、途中できこりに会いました。

きこりは彼に木を買ってくれと頼みましたが、彼は断わります。そして判書が楽しい一日をすごし、夕方帰途につくと、また同じきこりに会いました。判書はかわいそうに思いましたが、再び断り、家路をいそぎました。

ところがその晩、判書がふと気がつくと娘の部屋から奇妙な声がします。娘は若くして寡婦となり、判書の屋敷の一偶にひっそり暮らしていたのです。

判書が、そっとのぞいてみると一人身の娘は身悶えていました。判書は一晩考えて、翌朝さっそくあのきこりを呼びにやり、木をみんな買って家まではこばせました。

そして一緒に朝食をとり、きこりが貧しいながらも立派な人物であることを確かめると、真夜中に駕篭を仕立ててきこりと娘を出発させました。

判書はきこりに手紙を託し、夜が明けて朝食を済ますまで決してこの手紙を読んではいけないと命じました。そして二人が出発すると、判書は家の者を起こし、夜中に娘が急死したからと言って、すっかり葬式を済ませてしまいました。

一方きこりは、夜が明けて朝食を済ますと、手紙を開きました。手紙には全羅北道全州の某を訪ねるようにと書かれていました。

全州には黄判書の広大な土地があり、きこりは娘と結婚して、そこで幸せに暮らすことができました。

その後歳月が流れ、判書の長男は全州の長官となって赴任しました。長男は父の指示に従って姉に会い、大変驚きましたが、父の深い情愛を知ることができました。

この話は、「むかし」で語り始められ、主人公たちが「幸せに暮らしながら多くの子孫を産み、数日前死んだのできょう葬式を行なったところだ」という言葉で語り納められる見事な形式をもった語りです。

しかし本格民話の中核をなすはずの魔法は一切登場しません。かわりに語りの成立をうながした時代性や社会性、とくに儒教的な教訓をたっぷりと含んでいて、世俗的な物語に近い性格を持っています。かつて、儒教の支配した韓国上層社会では、女性の結婚に関する厳しい掟があり、夫どころか婚約者とも死別した女性は、実家に閉じ込められ、二度と結婚することができなかったのです。

しかし、文芸的色彩のきわめて強いこの話も、その構造をながめてみると、魔法民話の場合と同じように、共同体の内側と外側、そしてその境界とのダイナミックな力学によって成立していることがわかるでしょう。この話を図⑤に示した基本型にそって分析してみましょう。

まずこの話の出発点にある共同体は、ソウルの黄判書を中心とした上層の両班社会です。この社会は極めて豊かで安定していますが、一つの問題を抱えています。すなわち黄判書の娘は若くして嫁いだのですが、夫を失いそのために苦しんでいます。上層階級の娘は、寡婦となっても再婚せず、一生を烈女として通すのが婚家に対して守らなければならない礼儀でした。

これは精神的・肉体的な苦痛ですが、娘自身にも黄判書にも当面それを解決する能力はありません。プロップは、物語の出発点に提示される問題の一つを〈欠如〉と呼んでいますが、この場合の娘の苦悩はそれにあたります。プロップによれば、すべての魔法民話の出発点には、この〈欠如〉か〈加害行為〉という大きな問題があり、主人公がこの問題の解決に挑み、最後にこの問題が解決されて話が終わります。

黄判書の物語の出発点にある〈娘の悩み〉は、きわめて生々しく現実的で、魔法民話にはあまり例はないように見えますが、ちょっと視点をずらせば、民話には判書と同じように娘の苦悩や病いに悩む父親のモチーフは、少なくないことがわかります。

たとえばヨーロッパのメルヘンに頻出する「結婚したがらない王女」や「笑わない娘」、それに「眠れる美女」などを思い出してみればいいでしょう。いずれの場合も、王である父親は、娘の結婚問題を解決できず、困り果てています。

メルヘンの場合には、父親は娘の苦しみをとりのぞいてくれる者を見つけるために国中に布告を出すのが常套手段です。すると主人公が、思いもかけない所から現れます。それはたいがい王と娘の住む城から遠くはずれた周縁の小さな村から、あまり期待されない、〈異人（ストレンジャー）〉としてやって来るのです。

「黄判書」の場合には、もちろん父親が問題解決のためにお触れをだすこともありませんし、問題解決のコンクールや、主人公の劇的な登場はありません。解決をもたらすのは判書自身の父性愛と知恵です。しかし、この解決に際して、きこりの果たす役割を、けっして忘れることはできないでしょう。いかに判書が知恵者であっても、この場合きこりの援助なしには、娘の苦境を救うことはできません。

そしてこの際もっとも大切なことは、きこりが黄判書とその娘の構成する共同体（ソウルの上層社会）の外側の人間であるということです。黄判書は、共同体外部との接触によって初めて問題を解決することができるのです。

すでに何度も述べたように、民話の冒頭に発生する難題（加害行為や欠如）は、外側からやって来たふしぎな力をもった主人公自身の働きによってのみ解決されるのです。この決まりは、当然韓国民話にもあてはまります。たとえば韓国の民話カタログＫＴの２８１番「金の鈴」の場合には、主人公の三人兄弟が死んだ母親のくれた金の鈴の力によって、中国王の姫の病いを癒し、姫と結ばれて、王の死後新しい王になります。

「黄判書」のきこりには、積極的に問題を解決する主人公は登場しませんが、娘と結ばれるきこりは、貧しいかわりに、外側の人間の持つ、独自の問題解決力があります。主人公のもつこの〈周縁性〉を、黄判書の老練な知恵が利用しつくします。

「黄判書」の娘ときこりは、幸せな暮らしを手に入れますが、そのためにソウルという中心を出て、全州という周縁に身を移さねばなりません。このことは、「結婚したがらない王女」や「笑わない娘」や「眠れる美女」などヨーロッパのメルヘン話の場合と対照的です。メルヘンの主人公は王の娘の病いを癒し、問題を解決すると、そのまま城にとどまり王の後を継ぎます。「黄判書」にみられる主人公の受動的な役割と、民話の構造の歪みはどうしておこるのでしょうか。

5 「黄判書」の構造

これがミラウルの話としての「黄判書」の問題の一つですが、この問題に答える前に、きこりのもつ異人性と物語の時間・空間構成についてもう少し踏み込んで考えてみましょう。

この視点からみた時、まず注目しなければいけないのは、物語構成上は小さなエピソードですが、黄判書がきこりと会う時間です。判書がこの若者と会うのは早朝と夕暮れ、いずれも昼と夜との境界の時間です。

村はずれの〈境界の空間〉にはトケビのような妖怪がしばしば現れますが、昼と夜との〈境界の時間〉もまた、こうした不思議を秘めた異人の立ち現れる時間なのです。もちろんこれだけのことでは牽強付会と思われてもしかたありませんが、ここにもう一つこの話の類話を重ねあわせると問題はもうすこしはっきりしてくるかもしれません。

その類話とは、鄭寅燮《チョン・インソプ》の『オンドル夜話』58番にみられる「若い寡婦」です。

この話の場合も主人公はソウルに住む高官で、その娘は寡婦です。主人公は娘の悩みを解決するために、召使いを呼び、ソウルの南大門に宿をとり、朝、鐘路の鐘がなり門が開いた時に一番最初に入って来た独身の若者を連行するように命じます。そして、この若者がまさに「黄判書」におけるきこりの役割をはたすのです。鄭寅燮のこの話は、孔さんの語りに比べて再話的色彩がかなり強いのですが、このエピソードは一考にあたいします。

この物語の場合、政府高官の大切な娘の運命は、まったく偶然に、夜明けという境界の時間に、市の大門という境界の場所に外側からやって来たというただそれだけの理由で、見知らぬ若者の手に委ねられるのです。これほど儒教的な倫理と教訓を背景に背負った物語には、ふさわしからぬことです。

しかし、もう一度よく考えてみると、民話にふらりと登場する主人公の若者には、なにか確かな素姓のあったためしはありません。たとえそれが王子のような高貴の血筋の者であっても町や村を訪れる時には、たいがいボロをまとっていて、みるからに風采が上りません。眠れる森の美女の眠りを解く王子も、ただ百年目にやってきたというだけの若者です。しかも、その母親ときたら人食い鬼なのです。

ですから「若い寡婦」の場合にも、ただ一つ大切なことは、若者が外側の、異人のシルシを身につけていることだったのです。そしてこの場合、若者が境界の時間に、境界の空間に立っていたということは、彼が間違いなく〈不思議な力をもった異人〉であることの証拠だったのです。

孔さんの語る「黄判書」の主人公は、これほど強烈なシルシを身につけていませんでしたが、彼は三度にわたって、境界の時間に登場します。

しかもまた彼が辻に立って薪を売っていたことも大切です。よく知られているように、二つの交わる辻こそ、共同体の中の境界空間なのです。こうした時間と空間の設定は、おそらく無意識のうちに話者を支配しているふしぎな世界の仕掛けなのだと思います。「黄判書」の物語には、昼は登場しません。不思議な出会いは、いつも境界の時間におこるのです。

しかしもう少しくわしく見れば、決定的な事件は真夜中におこることも分かります。まず黄判書が娘の苦悩に気づくのが夜半です。そしてもっと決定的には、その娘ときこりを駕籠にのせて町の外に送り出すのが、真夜中です。

しかしなぜ真夜中なのか。それはもちろん、人の目を忍ぶためであるにちがいありません。娘を首尾よく共同体から外部へ送り出してしまうには、人目を避けなければいけません。この秘密が守られることが、物語の鍵です。

しかし、さらにその根源を問えば、夜がいわば非日常であり、カオスの時であるからという答えが返って来るはずです。夜が昼とは違って〈反秩序〉の時であればこそ、貞操を守りぬく〈烈女〉であるはずの娘が欲望に身をゆだね、カオスを現出するのです。

またその夜の闇のゆえに為政者であり、秩序の体現者である黄判書は、私情にまかせて娘を救済するのです。

黄判書が、自分たちの支配する共同体のはるか彼方にある全州に向って娘を解き放つのは、この時です。夜は、昼のあるべき秩序に支配されたコスモスに裂け目を入れます。判書は、この裂け目を利用して、二人を他界へ出発させるのです。

そしてこの闇は、一方において逃れて行く娘を包む保護の機能を果たしますが、同時に二人を暴力的に葬る死とも等価です。判書が、消えた娘を死んだと偽り、贋の葬儀によって葬り去ることに成功するのも、この闇のおかげです。周知の通り、男と女の愛のもつれは、しばしば心中、あるいは殺人といった暴力的な死のドラマを引きおこしがちです。「黄判書」の場合には、幸いにして主人公の知恵の働きによって問題が解決されましたが、もし判書に知恵がなければ、判書も娘も欲望の果てに暴力と死という解決を選択したかもしれないのです。その意味で判書の選んだ解決が、娘の贋の死という仕掛けに支えられていることは、きわめて象徴的であると言えるのではないでしょうか。

闇は昼の論理では処理することのできない問題にしばしば解決を与えますが、その手口はまたしても両義的です。闇のカオスの中では、保護と暴力とが等価なのです。「黄判書」の場合には、若い二人はこの闇を無事にくぐり抜けます。するとまた境界の時間が待っています。夜明けです。すでにソウルの町を充分に離れて（しかしまだ引き返すこともできる境界の地点で）、二人は朝食をとり、黄判書の手紙を開く。すると二人の幸せが開かれます。

二人の向かう全羅北道全州は、ソウルから遠く隔ったもう一つの共同体です。きこりはそこで娘を妻とし、広大な土地を手に入れ、支配者となります。さきに紹介した鄭寅燮の類話では、この地が嶺南の慶州とされて、ソウルの生活のまったくのコピー、いわばパラレル・ワールドになっているのは、たいへん面白いと思われます。ソウルの高官の息子（娘の弟）が国王直属の御使《おさ》（密使）としてこの地を訪れてみると、ソウルの自分の屋敷とすっかり同じ建物がたっています。屋敷をおとずれると家具調度、食器に至るまで同じものが揃っています。弟はそこで初めて姉の消息と父の計画を知るのです。

6 パラレル・ワールドの二つの王国

ここでふと文化人類学がよく取り上げる、双分的な都市構造のことを思うのですが、それは行きすぎでしょうか。ちょうどアフリカのダホメの古い王国時代における首都アボメとカナの関係のように、ソウルと古都慶州があり、そこにそれぞれ同じ形の屋敷が建っています。いうまでもなく、慶州の姉の家は他界的な性格をもっています。父の計略によって偽似的な死をとげた姉は、もともと他界の人である若者の案内によってこの地に至り、若者と結ばれてこの地の支配者となった。ちょっと出来すぎた話です。

「黄判書」の場合には、こうした正確なパラレル・ワールドは用意されてはいません。しかしきこりは、ソウルの上層社会にとどまって、そこの新しい支配者となるかわりに、もう一つの共同体である全州の中心に位置し、妻と幸せな日々を送っています。これもやはり現実の向う側の鏡の中の世界でのことであると思います。民話に託された幸せな婚姻と致富の夢を映し出すために、他界の側に用意された鏡の中での出来事です。

以上の構成を、プロップの形態学を援用しながら、整理してみましょう。

まず初めの状況として共同体に一つの難題が示される（娘の苦悩）。共同体自体には、この問題を解決する能力がない（黄判書の驚きと苦悩）。

つぎに解決のために外側から見知らぬ人が導き入れられる（きこりという異人＝主人公の招請）。

物語のもう一人の主人公（＝黄判書）は、この異人の協力を得て問題を解く（娘の偽似的な死）。

異人は娘をともなって共同体を去る。

異人と娘は、もう一つの共同体に赴いて結婚します。

これを、〈共同体〉と〈他界〉という場所論（トポロジー）的な対立図式にあてはめて定型化してみると、

他界からの異人の出現 → 共同体内部の主人公と異人との協力による問題の解決 →

異人の他界への回帰 → 他界に映し出されたもう一つの共同体での娘と異人との幸せな結婚

という形になります。

この図式は、最後の結婚の要素を場所論の立場から捨象して、〈他界→共同体→他界→もう一つの共同体〉とさらに抽象度を高めてしまえば、図式はさらに普遍的な地位を獲得して、さらに多くの民話に適用されるパターンとなるでしょう。

7 語り手の世界観と語りの構造

しかしここでは、この抽象的な図式から、もう一度「黄判書」にもどり、ミラウルの語り手の世界観との関わりの中で、この構造の意味を考えてみましょう。

すでに述べたように、語りとしての「黄判書」のもっとも大きな特徴は、判書の知恵です。判書は時の政府の高官であって、民話の構造的な理解からすれば王にも等しいコスモスの中心に位置する人物です。

通常の物語は、王が問題にゆきづまったところから話が始まります。そしてそこに見知らぬ若者が登場し、問題を解決し、王の娘を手に入れて、新しい王になります。話の構造的な中心はこうした地位の交代・変革にあります。

しかし、この物語の場合には、知恵を働かすのは中央の為政者であり、物語が終わっても中央の共同体にはなんの変化もみられません。

こうした為政者自身が智恵を働かすパターンは、民話としては特異で、もちろん韓国の民話全体の特徴ではありません。むしろきわめて限られた型の話です。それは韓国に広く分布している巧智譚の主人公をみればわかります。彼らのほとんどすべては、下男であり、愚か者であり、貧しい商人や炭焼であって、権力者や金持の愚行を暴き笑いのめしています。

しかしそれでは、孔徳天さんの語る「黄判書」の構造の意味はどう読みとったらよいでしょうか。そこにはまず、ソウルの上層社会に対する語り手の理解が反映されていると考えてよいと思います。語り手は、ソウルに代表される〈中心〉で繰り広げられる政治的な駆け引きは、あまりに洗練されすぎていて一介の薪売りの若者が介入する余地はないと考えているのではないでしょうか。

しかしこの見方をもう一歩さかのぼってみると、庶民の〈中央〉に対するきわめて素朴な信頼が見えてくるように思われます。すなわち、黄判書に代表される〈中央〉は、まだ充分に知恵と慈愛に満ちていて、危機に際しても自己を癒す力をそなえているという信頼です。

もちろん問題の解決のためには外部の力の介在が必要なのですが、その力も民話としては最少限に抑えられているといってよいでしょう。

こうした力学の歪みが、もう一つのユートピア的な共同体（全羅北道全州）での幸せな生活を生み出すのですが、これもまた言わば〈中央〉の側の慈悲の産物とされているのです。

このような中央信頼型の「民話の世界観」を孔徳天さんという「語り手の世界観」にストレートに結びつけることはできませんが、物語を語り継いできた人々の間に一つの暗黙の了解として受け継がれて来たことは否めないのではないでしょうか。

8　もう一つの語り…「金政丞と李政丞」

そして、ここで同じ孔さんが語る「金政丞と李政丞」という話を重ねあわせると、さらに興味深い語り手と語りの関係が見えてきます。

これは、金政丞と李政丞という二人の政府高官の友情物語で、つぎのように要約されます。


むかし、ソウルに金政丞と李政丞という二人の仲のよい友人が住んでいた。ある時、金政丞は何かのあやまちで罪を負い、江原道春川のヌリ峠に配流された。金政丞はそんな逆境にありなが

男たち空間・舎廊棟の板の間でくつろぐ年寄りたち

らも、明かるく子どもを育て、学問に励んだ。李政丞もそんな金政丞に対する友情を失わず、むかしの約束にしたがい娘を彼の息子に与えた。

娘は息子によく仕え、ついに息子は科挙に最高点で合格し慶尚監司となった、というのです。

この話は、もちろん構造的には「黄判書」とは、まったく別のタイプの話です。しかし、金政丞の江原道春川というソウルから遠く離れた別天地での生活には注目してよいでしょう。

ここでの金政丞の暮らしはきわめて貧しく、全羅北道全州におけるきこりの新生活には比すべくもありませんが、明かるく活気に満ち、何よりも学問による切磋琢磨があります。これはやはり清貧を旨とする儒教的倫理に照らしてみれば、一種のユートピアです。しかもこのユートピアはソウルという中央と対峙する形で設定されながら、しかも中央を拒否することなく、いわば中央の知恵と慈愛を認め、中央に回帰する志向を核として成立しています。その点では、「黄判書」の全羅北道全州ときわめて近い構造を有していると考えられます。

そしてこの「金政丞と李政丞」のユートピアの構造をさらに語り手の孔徳天さんの始祖伝承と重ね合わせてみると面白いと思います。

孔さん自身の語りによれば、この村の始祖は今から三百年ほど前、国から孔の苗字を賜った偉い役人であったが、何かの罪で釜山に配流された。先祖は辛抱づよく、少しづつ都に近づき、ついに広州郡奄尾里に居を定め、土地を拓いたというのです。

孔徳天さんは、下って十代目の草分け筋であり、そのことに強い誇りを抱いています。私にはもちろん深い確信があるわけではありませんが、トタン山に登って明かるいミラウルの村を見下ろしていると、ここが一つのユートピアに見えてきます。

私たちが村を訪れた当時の奄尾里は、ソウルから最も近い伝統農村と呼ばれ、観光地化されつつありましたが、孔さんの語る伝承が事実であるか否かを別として、配流された始祖の伝承を抱いて、遠くソウルを望みながら民話を語る語り手の想像力の核に、この村があることは間違いないと思います。

金政丞は幸いにして息子の教育に成功してソウルに帰還しましたが、流浪の果てに清貧をつらぬきながら空しく倒れていった人びとも多く存在したはずです。孔さんの話に登場する江原道春川、全羅北道全州と同じく、広州郡奄尾里もソウルという中央と対峙しながら、中央を拒否せず、中央に回帰する夢を語る共同体であり、孔さんはその草分け筋として共同体の中央にいます。

こうした語り手の意識のなかのトポロジーが、語りのトポロジー（他界→共同体→他界）に働きかけ、〈もう一つの共同体における幸せな結婚〉という奥行きを生み出したと推測することは、それほど難しいことではないように思われます。

9　まとめ

すでに述べたとおり「黄判書」は、口承文芸のジャンルでいえばノヴェラに近い文芸的色彩の強い物語です。そこには、本格民話にふさわしい魔法の要素が欠如しています。

しかし、それをさらに注意深く見れば、話の展開の決定的な場面に共同体の外側との接触が折り込まれていることがわかるでしょう。

そしてその外側こそ、物語の語り手である内側の人間にとって未知の領域であり、不思議な力（＝魔法）の根源なのです。この外側の、もう一つの世界を「他界」と呼べば、すべての魔法民話に共有されるトポロジックな構造が見えてきます。

他界というふしぎな場所は、〈富と死〉〈憧れと怖れ〉という両義性をはらみながら、民話を語る人びとの共同体をひしひしととり囲んでいます。

それは、けっしてはるか彼方にあるのではありません。他界の住人は、いつ村を訪れるかわかりません。ミラウルのソナンダンやチャンスンの神は、村の入口に立ち、じっと他界に目を凝らし、彼らの悪意の侵入を防いでいます。

しかし同時にこうした境界こそ、神の依りつくふしぎの場所でもあります。二月の吉日に山神をまつり、チャソスンの神に祈りをささげる時、神は確かに降臨し、村びとの願いを聞きとどける。そしてこの祈りの場は聖地であり、祭り以外の時にも村びとは決して木を伐りません。みだりに木を伐る者は、おそろしい神の怒りに触れるのです。

しかしさらにこの聖地は、夜の闇とともに、悪意ある鬼神の支配する場ともなります。ミラウルの人たちが、畏怖と諧謔を交えて語るトケビの出現するのも境としての村の入口や山なのです。

最後にここでもう一度、⑴語りの場としての村と⑵語り手の世界観と⑶語りそのものの世界との〈トポロジックな構造の基本的な相同性〉を指摘することで、本章を終わりたいと思います。

韓国においても日本においても、民話のふしぎの場は同じ仕掛けに支えられて人びとのうちに生きています。外側という他界からやってくる異人を畏れ、待望する村の心性が「黄判書」というノヴェラを成立させているのです。ソウルからほど遠くない奄尾里ミラウルという村に立って、こんなことに思い至りました。

第Ⅳ章

韓国人の霊魂と悪霊のゆくえ

1　ご先祖さまとの暮らし

少し前までの韓国の人びとは、死者とともに生きていました。四代前までの親族の祭祀を少なくとも年に八回行い、さらに陰暦の十月または三月の頃には、時祭といって五代以上まえの墓をまわり、祀りを行います。三十代以上まえのご先祖様まであるのが一般ですから、山のようなご馳走を抱えての墓参りは、いくら車社会になっても一仕事ではすまされません。誰もが、よい家筋の末裔であることを望み、優れたご先祖様をいただき、代々の族譜（一族の系譜）に名を連ねることで社会的な地位を保ち、安心立命してきたのですから大変です。

女たちが山の墓に食事を運び、祭りの準備をする（全羅南道南原　1988年の秋夕）

私たち日本人の多くが、三代前のご先祖様の名前も知らず、その生涯にもまったく無関心なのとは大違いで、韓国では十代、二十代、三十代前の祖先の業績が、子孫の社会的地位を左右しかねませんでした。彼らは、ご先祖様をたいせつに祀り、ご先祖様に守られて生きてきたのです。

しかし死者は、生きている人間と同じように、気まぐれで、子孫が祭祀をきちんと行わなければ、すぐに祟って不幸をまきちらします。そして、連綿とつらなる祖霊のなかには、不本意な生涯をおくり、恨みを残したものも少なくありません。

こうした死者の恨みや不満を晴らすために、とくにシャーマンの儀礼が行われます。シャーマンは、盛大な祀りを行い、歌い、舞って死者をなぐさめ、神がかりして無念の声を聞き、恨み（ハン）を一つひとつ解きほぐし、あの世へ無事に送りとどけるのです。

私はここで、文字に記された説話や語り伝えられてきた民話を紹介することによって、韓国の人たちにとって、祖霊とはなにか、悪霊とはなにかを考えてみたいと思います。

女たちによって準備された祖先祭祀の食事

2 お墓と祖霊

まず墓についてです。

韓国の人たちは、風水を大切にしてきました。風

墓に酒を献ずる家長

水から見て、村や家がよい土地にあれば、一族が栄えると考えたのです。だから家を建てる時には、人一倍気をつかいます。しかし、なかでも彼らが一番気を使うのは自分自身の家ではなく、死者の棲家である墓の位置なのです。ご先祖様は、風水がよく、日当たりも水はけもよい土地に鎮まっていれば、機嫌がよく、子孫を守ってくれます。風水のよい墓所は「明堂」とよばれ、大金を払ってさがしもとめられます。

韓国でよく知られた民話に「虎の報恩」があります。

「むかし、若者が山に木を伐りにいって、虎に出会いました。若者が驚いて後ずさると、虎は大きな口をあけて、近寄ってきますが、襲う気配はありません。若者が、思い切って近寄ってみると、虎ののどには大きな骨がささっていました。若者は、虎の口に手を入れて、骨をとりのぞいてやりました。虎は、よろこんで、若者の着物をくわえて山奥に案内し、よい墓の位置を教えてくれました。若者が、そこに祖先の墓を移すと、家が栄え、若者の子孫から有名な将軍が誕生したといいます。」（崔仁鶴編著『韓国の民話』三弥井書店　一九七五年参照）

実在の名家にもこんな逸話が残されています。

「むかし蔚山・金氏の祖先は貧しくて、ある家に奉公人として雇われていました。あるとき不幸があり、喪主となった主人は、風水師をやとって墓所をさがしました。しかし主人は探し当てた場所が気に入らず、風水師を邪険に追い払いました。それを見た、金氏の祖先は、風水師に食べ物と宿を与え、墓所を譲ってくれるように頼みました。風水師は、その場所が奉公人には過ぎた明堂だと考えましたが、貧しい奉公人の親切にうたれて、譲ってやりました。そして、『婿入りの話が近々にあるが、断ってはいけない』と忠告しました。金氏の祖先は、風水師の教えたとおりに祖先を手厚く移葬し、長者の家の婿となり、蔚山・金氏という立派な両班の祖となったそうです」

（崔仁鶴・前掲書参照）

しかし、死者は、いかに高潔で、手厚く葬られていても、理不尽で、時として怒りを発することもあります。

朝鮮総督府時代に、すぐれた民俗調査を行った村山智順は『朝鮮の鬼神』のなかで、三国統一の英雄である金庾信の魂魄が、三十六代恵恭王の時に、生前使えた武烈王の墓に現れて護国の勤めを辞退したという話を紹介しています。その原話は『東京雑記』に収められていますが、以下のとおりです。

「庾信は死後も、護国の勤めをはたしていました。ところが恵恭王の時代になって、庾信の子孫が罪なく誅される事態が発生しました。怒った庾信は生前に仕えた武烈王の墓に赴き護国の勤めを辞退したいと訴えましたが、墓の武烈王はそれを許しませんでした。この噂を伝え聞いた恵恭王は、大いに恐れ、ただちに子孫の金敬信をつかわして、庾信に自らの過ちを詫び、庾信のために鷲仙寺に田を寄進して、その加護を願ったといいます。」

（村山智順著『朝鮮の鬼神』朝鮮総督府　一九二九年参照）

祀る者のいない〈雑鬼〉のために路上に用意された食事

庾信のように祖国に忠実な名将であっても、子孫が理不尽なあつかいを受ければ、黙ってはいません。その魂魄は、死して国を守る気迫に満ちていますが、もしこれが怒りを発すれば、国を滅ぼしかねないのです。

村山はまた、十五世紀後半の説話集『慵斎叢話』に収められたこんな話を紹介しています。

「むかし権某という大臣がいました。李某という風水師に依頼して、父のためによい墓所をもとめましたが、えられませんでした。そこで風水のよいという他人の墓を奪うこととしました。墓の持主は抗議しましたが、権は聞こうとせず、墓をあばき、強引に父を葬りました。その夜、風水師・李の夢に紫髯の大夫が現れて『おまえが風水によって私の墓を明堂としたから、こういうことになったのだ』といって胸を打ちました。李は、胸のいたみに耐えず、血をはいて死んでしまいました。そして大臣・権某も、間もなく罪をえて、一家は絶えたといいます。」

(村山智順・前掲書参照)

死者の怒りは、生前以上に激しいことがあります。そして、彼らは、生前と同じか、それ以上の生活水準を要求します。ですから、子孫は、季節ごとに祀りを行い、墓を清潔にたもち、十分な供物をそなえなければいけません。祀りを受けた死者は、世代を重ねるごとに、清らかに鎮まり、重みをもって子孫の安寧を保障するのです。しかし数多い祖霊の中には、さまざまの事情で、十分な祀りを受けることのできない者もいます。

3　死者のたたり

村山の紹介する同じ『慵斎叢話』に、こんな話があります。

「奇裕という人の祖父は名宰相でしたが、祖父が死んでから、家に怪しいことが続きました。ある日、この家の子が遊んでいると、なにか重たいものが背にとりつきました。その姿は誰にも見えないのですが、子供はびっしょり汗をかいています。また、飯をたくと、いつのまにか飯があちこちに撒き散らされています。ある時は、盆や机が空中にまいあがり、大釜の環が天井におどり上がって鳴り響きました。火のないはずの竈から火が燃え上がるので消すと、その火があちこちに飛び火します。あまり異変がつづくので、家人は恐ろしく思って転居しました。成人した奇裕は、祖先の家を空き家にしてはすまないと考えて、意を決してその家に住むこととしました。しかしなおも怪事はつづき、裕が激怒して妖鬼を叱責すると、空中から『君もまた、楯つく気か』という声がしました。裕は、間もなく病をえて死んでしまいました。この怪異は、裕の従弟の柳継亮というものが、かつて乱をおこし誅せられ、怨鬼となって裕の家に祟りをなしたものだといいます。」

（村山智順・前掲書参照）

従弟の柳継亮が、なぜ奇裕の家にとりついたかは定かではありません。しかし、柳継亮が乱を起こしたのであれば、おそらくその一族は絶え、祭祀をする者もなかったのでしょう。柳継亮の霊は、位の高い奇裕の家をたよったのですが、相手にされず、祟ったのかもしれません。

同じく『慵斎叢話』に、一族に頼る死霊の話があります。

「むかし李斯文という人が官職につくと、李の家に鬼物があらわれました。その声を聞くと十年前に死んだ叔姑に間違いありません。生きているときと同じように家の仕事に口を出し、食事を要求し、気に入らないと当り散らします。食事をするときには、匙をとるのは見えませんが、いつのまにかご飯もおかずもなくなっています。その姿は、腰から上は見えませんが、腰から下には紙張りのチマをつけて、足は漆のように黒くて骨ばかりです。どうしてかと尋ねると、死んでから久しく地下にいたからだといいます。李斯文は、うるさいので、なんとか追い払おうとしましたが、かえって自分が病気になって死んでしまったそうです。」

（村山智順・前掲書参照）

この叔姑の場合も、子孫が十分に供養をしていれば、このようなまねはしなかったに違いありません。しかし、その供養が足りなかったので、出世した李斯文の家に現れたものと思われます。長く続いた朝鮮王朝の両班社会の論理では、一族から官僚をだすために、みなが協力しますから、出世した者は一族に恩を返すのが当然です。この話に登場する李斯文の場合は、たいした出世ではありませんが、それでも叔姑の霊に住みつかれれば、世話をしないわけにはいかないのです。

恨みを残して死んだ者、死後に十分な供養を受けることのできなかった者は、祟りをなします。このような恨みのうちでも、恋慕の思いを残して死んだ者の魂は、蛇鬼になってなおその思いをとげようとします。これもまた『慵斎叢話』の話です。

「むかし洪某という宰相が、まだ若かったとき、道でにわか雨に降られ、雨宿りをしようとして入った洞に庵があり、中に美しい尼僧がひとりいました。洪は、その尼と情を通じ、別れ際に何年何月には妻とするからと誓約して去りました。尼僧は、その日を千秋の思いで待ち望んでいましたが、洪はあらわれず、ついに病をえて死んでしまいました。洪は、出世して南方の節度使となって赴任しました。ある日、洪の敷物の上を小さな蜥蜴が歩いているので、これを捨てさせます。ところが翌日は一匹の小さな蛇が、洪の座に近づきます。これを殺すと、翌日も現れて、少しずつ大きくなっていくのです。洪は、これが尼僧の霊であることに気づいて、殺させましたが、そのたびに大きくなるので、ついに万策尽きて、蛇を自分の古い褌につつんで箱に入れ身近に置くこととしました。しかし巡行のときも離すことができません。ついに洪の精神は衰えて、憔悴し、病をえて死んでしまったそうです。」

（村山智順・前掲書参照）

4　魂の通過儀礼

以上のように、説話や口伝えの民話をみていくと、およそ二つのことに気づきます。

ひとつは、死者と儀礼、とくに通過儀礼との関係です。私たちは、誕生から死にいたるまで、さまざまに立場を変えてゆきます。幼児が子供になり、子供が少年・少女になり、少年・少女が青年・乙女となり、結婚して所帯をかまえ、子供をもち、一人前の大人となり、還暦をむかえて引退し、さらに幾つかの階梯をへて死者となる。その一つひとつの立場の変化にしたがって、七五三だの、成人式だの、結婚式だの、入社式だのという儀礼があり、一歩ずつ成熟をかさねていきます。人は、こうした儀礼をへて、身体だけではなく、魂のレベルでも、成熟していくのです。

日本の伝統社会にも、人生の節目には仕来りや儀式がありましたが、韓国の場合には、それが一層やかましかったのかもしれません。たとえば、幼児が少年になれぬままに命をおとしたり、青年や乙女が結婚して子供をなさぬままに他界したりすると、その魂は未成熟のままで、一人前の祭祀をうけることができません。ですから、両親はなんとか死者に相応しい相手をみつけて死後の結婚式をあげようとすら試みます。

村山智順は、数かぎりない神、鬼、精霊、魔をあげ、鬼神に言及していますが、なかに「孫閣氏」という鬼神をあげています。


「年歯妙齢に達し未だ春を解せずして世を辞したる処女の魂が、悶々の情に堪えずして遂に悪鬼となり、代代其家に祟り併せて他人の処女を害するもの、又一説には処女のみに取憑く出歯式の悪鬼なりとの二説あれども確たる事は不明。鮮人は最も之を怖れ巫女は之を金儲の材料に使う、若し処女が病に罹れば直に巫女をして孫閣氏の祟りなりや否やを問わしめ、然りと云うときは祈祷を依頼し種種の供物をして巫女は鐘鼓を打ち賽舞す、而して孫閣氏が衣類に乗り移る様に其処女の衣服全部を屋内の空室に積み重ね昼夜祈祷を続行する。それにもかかわらず其処女病死せば之を埋葬する時には、男子の衣服を着せ、頭を下に足を上に倒して、墓穴に葬り、其上に沢山の刺のある木の枝を棺の周囲に埋める。或は道路の四達の十字交差点下に密かに埋却し、せめても多数の男子に其上を踏ましめ、艶情を満足せしめ悪魔の出て来ぬ様にする。」

（村山智順・前掲書参照）

死者の魂を手厚く葬り、儀礼を絶やさない人びとのあいだに、このような民俗が残ることは驚きですが、ついこの間までは、よく聞かれた話です。孫閣氏のたたりで死んだ処女は、自らも孫閣氏に変異するので、四辻に葬って閉じ込め、踏みしめることで、魂を清めなければならないのです。通常の埋葬や祭祀は、一切行われません。

こうした話を聞けば、かつて航空機事故で死んだ未婚の男女の両親が語らい会って、死後に彼らを娶わせたことも、よく理解できます。

人は、人生の節目ごとに、儀礼をへて、成熟していき、成熟して一人前の子孫をもたぬ魂はなんらかの恨みを残し、シャーマンによる特別な儀礼によらなければ救われないのです。そしてさらに言えば、死者もまた、生者とおなじく、死後の儀礼をへて死者の魂を成熟させていくことに変わりありません。

日本の死者が、初七日や四十九日、一周忌、三周忌などをへて次第にあの世に旅立つように、韓国の死者も細かい手順をへてあの世に旅立ちます。とくに五代以上の祖先となれば、完全に家を離れて山の墓に安住します。しかし、問題はこのような手厚い儀礼を受けられず、魂を成熟させ、山の墓におさまることのできない霊です。これが悪霊となり、この世をさまよって、生きているものを煩わせるのです。とくに近代的な医療の整備されることのなかった時代には、疱瘡、コレラ、マラリアから出産にともなう病、はたまた精神の病まで、すべては悪霊のせいにされてきましたが、その治療には漢方のほか、シャーマンの祈祷や護符くらいしかなかったのです。

5　気まぐれな祖霊たち

説話や民話の伝承から気づく二つめのことは、霊が両義的な存在であり、守護霊はいつでも悪霊に変化する可能性をもつということです。死者は、死後の通過儀礼をへて、一歩ずつ成熟した守護霊になっていくのですが、その過程で手順を誤れば、いつでも祟りをなします。

子孫の無実の罪を訴えた金庾信や、『慵斎叢話』の墓を暴かれた死者の怒りは、こうした両義性を示すよい例です。

『朝鮮の鬼神』には、鬼神とともに上は玉皇上帝や仙女から、下は水鬼や痘神にいたるまで、ありとあらゆる民間の神々が紹介されていますが、これらの多くは、一方的に悪いだけのものではなく、祀り方によって善くも悪くもなる両義性をそなえています。家には業神、基主、竈王など家を守る〈家の神〉がいて、主婦がその祭祀にかかわっていますが、これも主婦の祀り方しだいでは家を傾けることにもなるのですから、怖ろしいカミであるといえましょう。

たとえば業神は、家の幸せにかかわるカミで、蛇や蝦蟇（がま）をその使いとします。だから蛇や蝦蟇が家から去っていくのをみると、主婦はあわてて庭に出て、呼び戻す唱えごとをするのが常でした。このカミは、家にいてくれれば幸をもたらし、出て行けば不幸をもたらします。このようにすべての霊的存在は両義的なのであって、善くも悪くもなります。オニとカミとは切り離しがたく、すべての霊が鬼神なのです。

6　トケビとともに生きる

最後に、人間以外のモノの霊が、悪霊と化す場合について、考えてみましょう。これもまた鬼神の仲間なのです。まず崔仁鶴が、忠清南道青陽郡で聞いた話を要約します。

「ある日、ひとりの若者が、市に出かけた帰りに、夜遅く大きな巨人のような大男に出会いました。大男は若者に『久しぶりだから角力をとろう』といいます。若者は、見たこともない相手と角力をとる気はないと断りますが、どうしてもと迫られます。若者は、やむをえず相手をしますが、なにしろ大男なのでかないません。組み伏せられて下敷きになった若者は『これで負けたら死ぬかもしれん』と思って、力のかぎり角力をつづけました。そして数時間の後、疲れの見えた大男を投げたおし、立ち上がることもできないほどにやっつけてしまったのです。

村に帰った若者は、友達を呼び集め『俺は巨人をやっつけた』と大声でどなりました。友達が信じないので、いって確かめようということになって、松明をもって引き返してみると、大男の跡形もなく、ただ竹の根元に古くなって使えなくなった殻竿がひとつ残されていて、殻竿の穴には小さな棒が差し込まれていました。若者は、古い殻竿が化けたトケビと角力をとっていたのでした。」

（崔仁鶴・前掲書参照）

崔仁鶴によれば、このタイプの話は韓国全域に分布し、どこでも聞くことができます。トケビの正体としては殻竿のほかに、古い箒、火掻き棒、杵などがあり、他にも女の経血のついた棒や布も変化するといわれますが、ほとんどが民具であり、長年にわたって人が使用したものが精をえて、化生するのだといいます。（崔仁鶴「韓国のトケビと日本の化物」『日本民話大成研究編』一九七九年所収・参照）

崔仁鶴はまた、もう一つのタイプの話を紹介しています。やはり忠清南道青陽郡の話です。これは姿の見えないトケビの話です。

「むかし忠清南道青陽郡の長谷里に朴進士の家がありました。ある日の晩、夜中にいきなり台所から器がこわれる音がしたかと思うと、床間の板をカンカンたたく音がします。また馬の走る足音、壷のわれる音などもします。起きて確かめようとしても何も見えません。このような音が何日もつづいて聞こえたので、主婦は火の入った青銅の火鉢を用意して、庭のまんなかに置きました。そして何事かを唱えながら祈ると、怪音はぴたりと止んで、それからは二度と騒ぎは起こりませんでした。ところが、しばらくして主婦は原因不明の病で死に、嫁も間もなく死に、朴進士宅は廃屋になってしまいました。これはトケビのしわざであると、村人は噂しました。」

（崔仁鶴・前掲論文参照）

こうした怪音系統の話も全国に分布し、長く人の住まない空き家には、ほぼこのタイプの話がまつわりついているといいます。だからこのような空き家に住む場合には、必ずトケビに祀りをささげ、祈らなければならないのです。

この話は、さきに紹介した『慵斎叢話』の奇裕の屋敷に起こった異変と酷似しています。おそらく同じタイプの話が、ある時はトケビの仕業、ある時は一族の怨霊の仕業として語られたに違いありません。怨霊と同じく、トケビもまた祭祀によって清められたのです。

人間の霊と同じく、トケビは両義的な存在であるところも共通しています。

同じく崔仁鶴によれば、トケビは、怖れず、気持ちよく迎え入れ接待すれば、富を与える財宝神ともなります。全羅北道扶安には、こんな話があります。

「話者が若い頃、雨が降り出すと海辺には蟹がたくさん集まってきました。ある晩、叔父と一緒に海辺で蟹をとっていると、どこからともなくチチチという音がしました。叔父は、それがトケビだといいます。トケビは、しばらくすると暴れまわり、あたりを汚して、ランプの火も消してしまいました。周囲は真っ暗になり、なにも見えません。すると叔父は『水底の金書房《きむそばん》、蟹料理と蕎麦のムックをご馳走するから、もういたずらはやめてくれ』と言いました。すると騒音は急に止んで、蟹がいっぱい集まってきたので、思う存分獲ったということです。翌日、約束どおりにご馳走を供えると、それからは、ずっと蟹をたくさんとることができるようになりました。」

扶安には、トケビを祀る家もあるといいます。済州島をはじめ、韓国南海岸一帯の漁村では、トケビを財宝神と同じように祀り、ヨガム（令監）とかサンボン（参奉）などと神の呼称をつけて丁寧に呼びかけることもあります。この話に登場する書房《そばん》も敬称です。トケビは、移り気なので、気をつけないとすぐに悪戯をするのだそうです（崔仁鶴・前掲論文参照）。

この話は、沖縄のブナガヤやキジムナーの話によく似ていますが、韓国の伝承の世界には、日本のように河童や天狗や鬼のようにさまざま種類の妖怪が活躍することはありません。化け物はすべてがトケビであって、その正体は不明です。最初に紹介した話のように古い杵や箒が化身したという話は、ゆたかなトケビ伝承のごく一部です。おそらく、その多くは、祀られることなくオニとなった死霊、悪霊、雑鬼とも重なりながら、つい先ごろまで、人びとの日常生活のなかで、善や悪をはたらき、いきいきと活躍していたのだと思います。

第V章

フランスの来訪神

1　訪れる神々の民話

日本とフランスの伝承と民俗を比較してみたいと思います。これは、あまりなじみのない視点なので、まずその基本的な手順から説明しましょう。

民話をはじめとする口頭伝承の国際比較には、まずアアルネ＝トンプソンの『話型カタログ』があります。きまじめな研究者からは、とかく批判の多い仕事ですが、私は民話の国際比較という作業を行う上で欠くことのできないツールだと割り切って、便利につかっています。

この『カタログ』には、アアルネとトンプソンの頭文字をとってATと名付けられた話型がおよそ二千五百あり、動物民話（1－299）、本格民話（300－1199）、笑い話（1200－1999）、形式譚（2000－2399）、その他（2400－2499）という大グループに分類されています。

そして、それぞれの大きなグループが、さらに下位分類されて、たとえば、本格民話は、魔法民話（300－749）、宗教民話（750－849）、ノヴェラ（850－999）、愚かな鬼の話（1000－1199）に分けられます。

この分類は、実に分かりやすいし、使いやすいし、本章のテーマである「来訪する神々」の民話について知りたい時には、まず〈宗教民話〉に分類された話型を調べればよいのです。

宗教民話には、さまざまの神や聖者、あるいは悪魔や鬼などが登場しますが、「来訪する神々」の伝承は、ＡＴ７５０Ａ／Ｂ／Ｃ／Ｄ／Ｅ／Ｆ／Ｇ／Ｈ、ＡＴ７５１Ａ／Ｂ／Ｃ／Ｄ、ＡＴ７５２Ａ／Ｂ／Ｃ、ＡＴ７５３Ａなどに集中しています。

カタログには、話の要約と話を構成するエピソード、モチーフなどの紹介のほかに、各国別の類話数や資料名があげられていますが、いずれも参考程度と考えるほうがよいでしょう。まともな国際比較を考える場合には、さらにフランスとか韓国とかの、〈国別カタログ〉を細かく検討する必要があります。

鍵をもつ聖ペテロ（フランス民衆本の挿絵）

国別カタログとは、その名のとおり、それぞれの国に蓄積された民話の資料を、その国の独自性を生かしながら、なおかつ国際比較が可能であるように、分類整理したものです。

日本の代表的な国別カタログは、いうまでもなく関敬吾による『日本昔話集成』とそれを増補した『日本昔話大成』です。このカタログは、話型に関の頭文

子どもを連れ去る悪魔（フランス民衆本の挿絵）

字をとってＳのナンバーが割り当てられていますが、多くの場合ＡＴとの関連が示されているので便利です。

関のカタログに見られる「来訪する神々」の伝承は、本格民話のうち「大歳話」のサイクル（Ｓ１９７―Ｓ２０４）に、猿長者（ＡＴ７５０）、宝手拭（ＡＴ１４８０、ＡＴ７５０Ｃ）、弘法機（ＡＴ７５０Ｃ）、大歳の客（ＡＴ７５０Ａ）、疫病神（ＡＴ７５０）、貧乏神（ＡＴ７５０Ａ）、大歳の火（ＡＴ７５０）、笠地蔵、大成の亀（ＡＴ６１３）などが紹介されています。

フランスの国別カタログは、ポール・ドラリュとマリー＝ルイーズ・トゥネーズによるものです。このカタログも極めてすぐれた仕事です。フランスの話型には、頭文字Ｔがつけられていますが、アアルネ＝トンプソンの分類とほぼ一致します。これは、アアルネ＝トンプソンが、自らのカタログの分類の基礎にヨーロッパの民話をすえたためです。ヨーロッパに端を発した民話や民俗の研究が、ヨーロッパ人に都合良くできているのは、東アジアの研究者には癪のたねですが、しかたありません。カタログというのは、最初に作ってしまった人の勝ちで、あとから研究に参加した者は、その分類をデファクトスタンダードとして尊重するよりしかたがないのです。

そこで、ここでもT750、T751、T752、T753の話を中心に調べてみましょう。いずれの場合にも、イエスと弟子のパウロが地上を旅するなかで、貧しい者に宿を乞うと歓待され、富者の家では冷遇されます。そこで貧しい者は報いを受け、富める者は罰を受けるという勧善懲悪の「水戸黄門」的なパターンが展開されます。

これを、どう分類するかの切り口にはいろいろありますが、ここでは戦略的に、

①牧畜にかかわる話（T750「神様と牛飼い」）

②農耕にかかわる話（T752「納屋のキリストとペテロ」「不思議な刈り手」）

③鍛冶にかかわる話（T753「キリストと鍛冶屋」）

④その他の技術や食べ物にかかわる話（AT751「洗濯」「パンと欲張り女」）

という四つのグループに分けて考えてみましょう。

これをざっと紹介すると、

牛の屠殺（フランス民衆本の挿絵）

①の「神様と牛飼い」は、貧しい牛飼いがイエスとペテロを歓待するために大切な牛を屠ると、翌日には牛が生き返っているという奇跡譚です。この時、食べた牛の骨を丁寧に一つ残さずとっておくというのが、この話の一つのポイントです。

②の「納屋のキリストとペテロ」や「不思議な刈り手」は、キリストが貧しい農夫に歓待された礼に畑の麦をたちまち刈り取ってみせたり、金持ちの冷遇に対する罰として収穫物を台無しにしたりする話です。

③の「キリストと鍛冶屋」は、キリストは、かならずしも宿を借りるわけではありませんが、鍛冶屋の親方の前で奇跡を演じ、それを真似た親方が大恥をかくという話です。

④の「洗濯」では、日本で「弘法機」として知られる話によく似ていて、貧しい女が、キリストをあたたかく迎えたおかげで、たくさんの布を手に入れます。

この四つのタイプの話は、アジアでもヨーロッパでも、昔からよく知られているだけでなく、文字の記録も少なくありません。フランスの中世ファブリオー研究の第一人者であったジョゼフ・ベディエも、その主著『ファブリオー』のなかで、この話をとりあげ、ギリシャやチベット、中国の説話集からの類話を紹介しています。日本にも、弘法、行基の伝説としてだけではなく、風土記の「富士山と筑波山の話」をはじめ、いくつも古い記録があります。

しかし、ベディエも正直に告白しているとおり、この話のタイプをあれこれ比較して、どのタイプが一番古いかとか、どのモチーフがどんな起源をもっているか、というような研究は、土台無理ですし、そんな奇跡の探求につき合うのは、賢明ではありません。

大切なことは、世界の各地に〈来訪する神々〉の奇跡譚があり、それが語り手たちの暮らしに深く根ざしていたということです。

たとえば、欧米と日本の場合には、キリスト教と日本教という二つの宗教的世界観という決定的な違いが存在すると言われ、『菊と刀』に代表されるような文化論がさまざまに展開されてきました。〈神〉と〈カミ〉の相違や、〈罪〉と〈恥〉の文化的差違などに依拠する考察はそれなりに魅力的で、大いに喧伝されたものです。

しかし、民話の世界をのぞいてみると、〈神〉と〈カミ〉には、それほど大きな違いが見られません。なにしろ、キリストやペテロや、場合によってはマリアも、弘法大師や行基と同じように世間の景気をみてまわり、各地で似たような奇跡をおこして来たのですから。私は、民間信仰のレベルでみるかぎり、キリスト教のフランスでも日本教の日本でも、人びとの世界観に大差はないと考えています。

ここでは、その訪れる神に対する信仰を、フランスを中心としたキリスト教ヨーロッパと、日本教の日本の民話と民俗を管見しながら、ことの深層を訪ねてみたいと思います。

田の神に語りかける主人（アエノコト ©珠洲市）

2　神を迎え、神を送る民俗

日本民俗学は、当初から訪れる神々（来訪神）に関する研究を中心に据えてきたといってよいと思います。柳田國男の『先祖の話』や折口信夫のマレビト論を引くまでもなく、日本人は、四季折々に神を迎え、神を送る祭りを繰り返してきたのですから、それは当然の帰結といってよいでしょう。

日本人の来訪神に対する対応をもっとも分かりやすく示しているのが、盆と正月を中心とした祖霊迎えの祭りです。現在でも、この季節になると日本の人びとは、山から松を切り出して門松を立てたり、盆棚や正月棚をもうけて祖霊やトシガミを迎えて、ハレの食事を用意し、ともに食し、カミや祖霊の力を分けていただくことが少なくありません。祭りが終わると、ドンド焼きの煙りとともにお正月さまを天に送ったり、精霊流しをして御先祖さまを川や海のかなたに送ったりします。

関敬吾が『カタログ』のなかで〈大歳話〉としてまとめた話の登場人物の多くが、年の暮れにやってくる不思議な来訪者であり、この種の語りの多くが大歳の季節を選んで語られたことも、よく知られています。

私たち日本人には、あたりまえのように思われてきたこの神迎えの民俗が、フランスをはじめヨーロッパ各地に見られます。

ここでは、歳の暮から新年にかけて、クリスマス、公現祭、カーニヴァルと続く「冬祭りのサイクル」と、春から初夏にかけての、復活祭、精霊降臨、聖ヨハネ祭とつづく「春祭りのサイクル」にわけて、簡単に紹介しましょう。

3　冬祭りのサイクル

クリスマスは、いうまでもなくキリストの降誕祭ですが、現在のように十二月二十五日に決

フランス民衆本に描かれたクリスマス

まるまでには、曲折がありました。たとえばローマ暦にあわせて一月一日にしようとしたり、一月六日にしたこともあったのです。現在では、この一月六日は、東方の三博士がキリストを祝福に訪れた日ということで「公現祭」という祝日になっています。

クリスマスから公現祭までが「十二日（あるいは十二夜）」と呼ばれ、新しい歳を迎える季節の変わり目であり、精霊たちの訪れる特別な時とされていることは、シェークスピアの戯曲『十二夜』でもよく知られています。この時期には、人びとは、みだりに森に入ることを慎み、糸紡ぎや、厩の掃除などの労働を避けて、訪れる精霊たちを驚かせぬよう注意を払ったのです。

クリスマスにツリーを立てることは、あまり古い習慣ではありません。しかし、昔からクリスマスが近づくと森から木を切り出して、大きな薪を用意しました。家族が火のまわりに集まり、一年の幸せや健康を折ったのです。いまでも、フランスのクリスマス・ケーキは太い薪のかたちをしていることが多く見られますし、日本のクリスマス・シーズンにも〈ビュッシュ・

ド・ノエル〉という薪型のケーキが店先に並びますね。

クリスマスが、冬至の時期と一致することは、多くの民俗学者によって指摘されてきました。冬至は、一年間働きつづけた太陽が死を迎え、新しい小さな太陽が生まれる時期です。この時期をキリストの降誕祭に選んだことは、意味深長です。冬のさなかに生まれた太陽と神の子の小さな生命が、厳しい寒さと戦いながら、しだいに育まれていく季節です。

森から伐り出した薪の形をしたクリスマスケーキ

ヨーロッパ各地の町や村にサンタクロースなどの不思議な来訪者がやってくるのもこの季節です。サンタクロースは、本来オランダのシンタークラース（聖ニコラス）が訛って伝えられ、アメリカで落ち着いたものと考えられますが、冬のさなかにプレゼントをもって子どもたちを訪れるのは、「サンタクロース」や「クリスマスおじさん」ばかりとはかぎりません。イタリアのベファーナ、ドイツのペルヒタ、ロシアのバブーシュカのような魔女は、一月六日の公現祭の夜にやってきて行いのよい子どもにプレゼントをくばります。スウェーデンやフィンランドなどの北欧では、ユル・ニッセ、ユル・トムテなどの小人や鬼が贈り物をもってきます。

ハンガリーのモハーチ村冬祭りに登場する来訪神（2009年）

これらの来訪者は、時には行列をつくってやってきますが、その行列は村の若者たちによってこっそりと準備され、仮面仮装のうちに姿をかくして行われました。

この行列の中心は、もちろんサンタクロースのように優しい存在なのですが、なかには恐ろしい獣や、死者や、妖怪がふくまれていました。彼らは、鞭や鎖をならしたり、鈴や鐘を響かせたり、とにかく騒がしく暴れまわります。

行列は、村の家々をまわり、子どもたちの様子を聞き、よい子にはプレゼントを与え、悪い子は袋にいれてさらってしまうと信じられていました。

こうした仮装の来訪者の訪れは、私たち

日本人に男鹿半島のナマハゲや甑島のトシドンのような日本の神々を思い出させます。たとえばナマハゲの場合は、大晦日や小正月の晩にこっそり支度をした若者たちが、鬼の面をつけて村の家々を訪れます。そして大きな音をたてて暴れ回り、「怠け者の子どもはいないか。いれば取って食う。」とおどすことは、よく知られていますね。

彼らは、よい子をほめ、悪い子を罰して、家族と共に食事をして帰っていきます。この来訪神たちは、日本でもヨーロッパでも、〈祖霊〉と考えられ、死者と同一視されています。彼らは、一方で悪霊を祓い、豊かな実りをもたらす村や家の守護神の役割を果たしますが、同時に鞭をふるい人を食う〈人さらい〉として恐れられてもいるのです。

こうした来訪神の訪れは、一二月中旬のカーニヴァルまで、さまざまの形で繰り返されますが、つぎに春祭りのサイクルをとりあげて、祭りのもう一つの側面を見てみましょう。

祖霊迎えの灯明(万聖節〔11月1日〕のポーランドの教会墓地)

五月の祭りに大木を広場に立てる若者

4　春祭りのサイクル

冬祭りの中心がクリスマスであるとすれば、春の祭りの中心は五月一日のメイ・デーであるといってもよいと思います。メイ・デーは、いまでこそ労働者の祭典ですが、古代のケルト人たちの間では「バルティナ」あるいは「ケートハブン」と呼ばれる祭りでした。

ケルト人たちは一年を暖季と寒季の二つにわけ、暖季を迎えるこの日を、寒季の訪れる十一月一日の「サァオイン」あるいは「ハロウマス」の祭りとともに、季節の変わり目の祭りとして大切にしていました。この祭りの前夜は「ワルプルギスの夜」などとも呼ばれ、魔女たちがサバトを開き跋扈したり、百鬼夜行するおそろしい夜です。十一月一日の「ハロウマス」の前夜が、やはり「ハロウィーン」などと呼ばれて悪霊の訪れる日とされていることも興味深いことです。

季節の変わり目に訪れる魔女や悪霊という超自然的な存在は、キリスト教の行き渡る以前には死者の霊・祖先の霊だったのです。

この五月一日の前夜には、若者たちが森に入り、大きな五月の木（メイ・ポール）を伐ってきて、町や村の広場に立て、盆踊りのようにみんなで輪になって踊ったり、小さめのメイ・ポールを自分の意中の娘の窓辺に立てたりしました。

この木は、森の精霊・祖霊の宿る木であり、新しい季節の訪れを祝福し、町や村や家族の幸せを守るのです。それは、豊かな生命力と生産力の象徴でした。

恋人の家の前に五月の木を立てる若者

この五月の祭りには、北フランスでは「フェイユー」「モシュ」などと呼ばれる樹木の精霊が登場することがありました。彼らは、頭のてっぺんから足のさきまで葉と花でつつまれ、村の家々をまわって祝福します。

南フランスでは、五月の女王（メイ・クイーン）が花の冠をつけて、家々をまわることもあります。いずれも、森の聖なる力を身につけて人びとを祝福して歩く来訪神であると言えるでしょう。

家々をまわり門付けをする五月の女王（アルザス地方）

春の祭りには、このほかにもさまざまのタイプがあります。たとえば五月三日の十字架発見の祝日に森からハシバミの小枝を切り出して、教会で祝福して小麦や葡萄の畑にさして、豊かな収穫を願う行事。これは、日本の庭田植えのような予祝行事とよく似ています。

また、昇天祭に先だって行われる豊穣祈願の道行きでは、早朝、司祭を先頭に教会を出発した行列が、旗を立て聖遺物を担って、畑をまわって祝福して歩きます。聖遺物というのは、キリストや聖人たちの遺品です。死者の骨や歯や髪などという気持ちの悪いものばかりですが、これを聖なる力が宿る依り代として、金ピカの厨子に入れて御輿のように担いでまわるのです。

都市の祭りの場合は、もうすこし仕掛けが大きくなることもあります。日本の神社の祭りの講組織に似た信心会（コンフレリー）や職能集団であるギルド、修道院などがそれぞれ旗や山車をもち、たがいに競い合って町を練り歩きます。これは、いくつもの御輿や山車を押し立てて、町内を練り歩く博多山笠のような日本の都市の祭りを思わせます。

祭りの中心となる山車には、時にはドラゴンが登場します。このドラゴンは、かつて町を支配していた自然の力や異教の象徴であり、聖人がこれを駆逐することで、秩序を生み出したという伝説が伝えられます。

この原初のカオスを再現するドラゴンが祭りに登場し、再びあばれまわって町をおびやかし、祭りの終わりにこれを倒したり、屈服させたりすることで、町にもう一度新しい秩序を取りもどす。こうした祭りの構造が、ここにははっきり示されています。

海神祭で神を送る祝女（沖縄）

5　フランスと日本の来訪神の基本構造

ここまで、来訪する神々の伝承と、それをとりまく民俗をいくつか紹介してきました。つぎに、主要なトピックスを選び、日本とフランスをはじめとするヨーロッパの民俗の基本を比較してみましょう。まずは、他界の構造です。

豊かな実りを祈って麦畑を歩く豊穣儀礼の道行(フランス)

5-1　魂のゆくえ…他界の構造

この世の生を終えた後、人の魂はどこにいくのか。これは、洋の東西を問わず大きな問題です。

日本人の場合は、しばらく近隣にとどまり、やがて高くたかく上って霊山のいただきに至ると語ったのは、柳田國男でした。

もちろん、霊魂の行き先は、水平線のはるか彼方の水底の国にあることもあります。かつて、沖縄のウタキ(御嶽)を調査したとき、「ウタキの岩が、じつは海の底につながっているのだ」という伝承を聞かされたことがあります。もちろんウタキはムイ(杜)と呼ばれる山の上にあり、天に向かって高くのびたクバの木を聖域としています。おそらく死者の魂は、このクバの木をつたって天にのぼり、さらに遥か奥のヤマに憩うているのでしょう。そのヤマは天につらなり、天の太陽は海にしずみ、水底はウタキの聖なる岩につながっています。こうして、死者の魂は、海・空・山の彼方を経めぐることになるのです。

だからこそ、村のウンガミ（海神）の祭りには、祖霊たちが山の神と海の神になって訪れて交歓し、贈り物を交わし、生者たちを祝福して帰っていくのでしょう。村には、人びとの住む家があり、それを取り巻く〈ファル〉という田畑の生活空間があり、さらにその奥に、〈ウタキ〉と〈ムイ（もり）〉と〈ヤマ〉、そして〈ニライ・カナイ〉という遥かな他界が控えています。他界は、神々＝祖霊の聖なる住処であり、彼らは季節の変わり目ごとに、子孫を祝福するためにやってきます。

フランスをはじめとするヨーロッパの国々の他界も、同じ構造をもっているといってよいと思います。もちろんキリスト教の公式教義では、死者の魂は天国か地獄、はてまた煉獄などに行くのであって、近隣をふらふらしているはずはありません。しかし、民話の世界では、森は魔物に満ちています。百鬼夜行に似た魔物たちが群をなし、まっかなホウズキ色の目をした魔女や、小人たちが隠れ、魂のない巨人や言葉を話す動物が潜んでいます。

これらの超自然的な存在の住む森が、実は死者や祖霊の住む他界であることを指摘したのは、ロシアの民俗学者ウラジミール・プロップでした。

プロップによれば、民話の主人公たちは、一人前になるためのイニシエーションを受けるために森に入り、死者たち（祖霊）に出会い、試練を受け、戦いに勝利をおさめ、村や町にもどってきます。魔法民話は、神話とおなじく若者を大人の世界に導く物語なのです。森の住人は、時に恐ろしい姿をとりますが、実は若者たちに生きる力と知恵を授ける祖霊でもあります。

この不思議な力をもった祖霊を迎えるのが、折節に祝われる祭りなのです。季節が移り、時の裂け目からあの世（彼岸）が顔をのぞかせ、祖霊のもどる危機の時に、人びとは祭りをおこない、森に入り、木を伐り、村や町や家庭に持ち帰ります。森の自然の力を呼び込み、そこに住む祖霊を迎えて、加護と祝福を祈るのです。

ミサに現出したキリストを迎える聖人たち

町や村の家を訪れる祖霊の多くは、仮面をつけ、姿をやつしてやってきます。サンタクロースも魔女のペルヒタも、カーニヴァルの仮装者も、みな他界からの神々を演じているのです。

春祭りのフェイユー（森の男）やメイ・クイーン（五月の女王）も来訪神です。彼らは、日常生活をとりまく身近な他界からやってきます。

ヨーロッパにおける代表的な死者の棲家、他界は森であるといってよいでしょう。民間信仰のレベルでは、ヨーロッパにおいても他界はそれほど遠くありません。生活をとりまく近隣の森にあるといってよいと思います。

5-2　めぐりくる祭り…年中行事の円環的構造

日本の国に四季折々の祭りがあるように、ヨーロッパ各地にも季節にしたがって、さまざまの祭りがあります。

とくにフランスはカトリック国ですから、一年はすべて聖人たちに司られ、守護されています。その社会は伝統的に農耕と牧畜を営んできたのですから、年中行事の基本構造は生業、とくに農耕のリズムに沿っているといってよいでしょう。

すでに述べたように、太陽が力を失い死に至る時期に、新しい小さな太陽の誕生を祝う冬至の祭りとしてクリスマスがあります。ちょうど日本の正月が、大正月、小正月、節分などと何度も繰り返し祝われるように、フランスでは十一月初めの万聖節、万霊節あたりから冬祭りのサイクルがはじまり、クリスマスから公現祭、カーニヴァルと祭りが続きます。春の祭りは、復活祭にはじまって、豊穣祈願、メイ・デー、聖霊降臨といった具合にすぎて、夏至には聖ヨハネ祭を迎えます。秋には葡萄の収穫祭などがあって、また冬がやってきます。ヨーロッパの場合も、日本の場合と同じく、祭りは年中行事の円環的構造をもっているのです。この円環の節々に祭りがあり、神々が訪れ、歓待され、送られていくのです。

5-3 神迎えと神送りの構造

日本人なら誰でも、経験をとおして知っているように、日本の祭りの基本は、神迎えと神送りにあります。しかし不思議なことに、たとえ神社があっても、神はいつも社に住んでいるわけではありません。祭りの初めには、祭りを司る神主が、おごそかに神を迎え、御輿や山車に乗せて、町や村を巡行させて、歓待し、祭りの終わりとともに神を送ります。神は、祭りのあいだだけ人びととともにあって、祭りの終わりには山や海という本来の棲家に帰っていくのです。

キリスト教の場合はどうでしょう。これもまた常住しない、というのが私の考えです。たとえ

田の神に食事を供する主人（アエノコト ©珠洲市）

ばミサの場合を考えてみましょう。ミサが行われると、キリストは世界中のすべての教会に、時差があっても距離が離れていても、顔を出さないわけにはいきません。とくに日曜日などは大変でしょう。司祭は、信者とキリストの間に立ち、パンと葡萄酒を捧げ、これをキリストの肉と血に聖変化させて、信者とともに食します。

構造的に考えると、これは日本の正月と同じです。正月になると、歳神さまは各家庭の正月棚までやってきて、松飾やお供えに依りつきます。そして年男である主人から、お雑煮などのハレの食事を供されます。その後、家族の者は、神棚から歳神さまのお膳をさげて、神の食べものと同じものを食することで神と一体化します。これは、キリスト教の信徒が、ミサのクライマックスに〈キリストの体であるパン〉を食べ〈キリストの血であるぶどう酒〉を飲んでキリストと一体化するのと同じ構造です。

ミサやお正月、ヨーロッパの豊穣祈願の祭りの基本も、やはり日本の祭りと同じ〈神迎え〉にあると思います。司祭は、聖人の旗や聖遺物に依りついたキリストや聖人を、日本の祭りの幟や御輿のように、掲げたり、担いだりして、村の畑に案内します。行列は、途中あちこちに止まって祝福を与え、御輿の御旅所のようなチャペルや、道ばたの十字架の前で休んで、村を一巡して帰ってきます。

やはり、神は教会に常住せず、天のどこかにいて祭りのたびに呼び出されると考える方が自然です。

日本の神が祭りの終わりとともに山や海という異界に帰っていくのと同じように、ヨーロッパの神も、ミサや豊饒祈願の道行が終わると天に帰っていくのではないでしょうか。

日本でも、ヨーロッパでも、人は日常の場で神と顔をつき合わせて暮らすことはできないので、ハレ（祭りの時間）とケ（日常生活）の〈時〉と〈場所〉を上手に使い分け、神の宿る場所には注連縄をはったり、ランプやろうそくをつけたり、結界を用意して、聖なるものとの接触をさけ、必要な時だけ神に祈って、あとは平穏な日常生活を送っているのです。

第Ⅵ章

クリスマスとカーニヴァル

神の訪れを祝うふたつの祭り

1　サンタクロースに会うために

まっ赤なコートに、まっ白な髭、トナカイのひく橇にのってクリスマスの夜にやってくるサンタクロースのことを知らない日本の子どもはいないでしょう。プレゼントのいっぱい詰まった大きな袋を背負って、煙突からしのび込み、暖炉のわきの靴や靴下のなかにお菓子やおもちゃをそっとおいてゆきます。最近では、世界の各地にサンタクロースの村ができて、子どもたちの手紙にこたえて、クリスマスのメッセージをおくるサーヴィスも始まりました。でも、サンタクロースって本当はどんな人なのでしょう。なぜ、いつも煙突からやってきて、靴や靴下にプレゼントをおいていくのでしょう。どうしてトナカイの橇にのっているのでしょう。

こんな質問に正確に答えることのできる人は、もちろんいません。けれどもサンタクロースのルーツなら、すこしは分かりそうです。

サンタクロースの正体は、ミュラ（現在のトルコのデムレ）の司教であった「聖ニコラス」です。聖ニコラスは、オランダのアムステルダムの守護聖人で、「シンタクラース Sinterklaas」は、聖人の正式名称「シント・ニコラース（Sint Nicolaas）」から派生したといわれます。

シンタクラースは、オランダではとても人気があり、その祝日は十二月六日ですが、もう十一月の中旬にはシンタクラースの乗った大きな船がスペインからやってきます。

船がアムステルダムの港につくと、市長をはじめたくさんの市民がおしかけ、時には王さままで歓迎にかけつけます。それからの三週間、聖人はとても多忙です。各地の学校や病院やデパートをまわり、よい子の家を訪れて祝福を与え、十二月五日にやっとアムステルダムに帰って、白い

祭りの暦

カトリックの祭りには、年毎に日付の変わる移動祝日と日付の決まった祝日がある。移動祝日は、春分のあとの満月のつぎの日曜日に祝われる復活祭を中心に決められる。たとえば、1991年～1992年の冬の祭りは下図のようになる。(＊は移動祝日)

11 *novembre*

1日(金)　諸聖人
2日(土)　万霊節(死者の日)
11日(月)　聖マルタン
25日(月)　聖カタリナ

12 *décembre*

6日(金)　聖ニコラス
25日(水)　クリスマス
　　(十二夜のはじまり)

1 *janvier*

6日(月)　公現祭
　　(十二夜のおわり)

3 *mars*

3日(火)＊脂の火曜日
　　(カーニヴァル)

4 *avril*

19日(日)＊復活祭

5 *mai*

1日(金)　五月の柱をたてる
9日(土)　聖ニコラスの聖遺骨をパリに移した祝日
25日(月)＊豊穣祈願の道行きのはじまり

6 *juin*

7日(日)＊聖霊降臨祭
8日(月)＊サン・ニコラ・ド・ポールの町の夏の聖ニコラス祭

アムステルダムに到着したサンタクロース（二十世紀初期のオランダの絵本）

馬にのり、まっ黒く顔に煤をぬった黒人のピートというお供をしたがえて、市内をパレードします。オランダの子どもたちは、シンタクラースと黒人のピートは「一年中スペインに住んでいて、ピートが贈り物の買い置きをするかたわら、シンタクラースは赤い表紙の大きなノートに子どもたちの良い行ないと悪い行ないを書きとめている」と聞かされているのだそうです。

もちろん、この「スペインからの船」や「市内での盛大なパレード」は、現代のオランダの聖ニコラス祭の風景ですが、十二月六日の前夜にシンタクラースがプレゼントをこっそり届けにくるという習慣は古くからありました。たとえば、十七世紀オランダの画家のヤン・ステーン（一六二六−九七）の描いた「聖ニコラスの祭」には、祝日の朝、贈り物をみて大騒ぎをする子どもたちの様子が描かれています。

この絵の画面の中央では、女の子がその朝もらった聖人の人形をしっかり抱きしめています。

その左手にいる男の子は自分の靴のなかに鞭が入っていたので泣いています。いちばん奥にいるのはおばあさんでしょう、泣いている男の子に別のプレゼントをあげようと合図をしているようです。その横で赤ん坊を抱いているのは、長男かもしれません。暖炉を指し示して、赤ん坊に聖ニコラスがどうやって家に降りてきたかを話して聞かせているようです。赤ん坊が抱えているのは、おそらく香辛料入りのビスケット（パン・デピス）ではないでしょうか。暖炉の前のテーブルには、きっと聖ニコラスのための食べ物や飲み物が供えてあったのでしょう。床にも靴やパン籠や木の実がちらばっています。

十七世紀のオランダのクリスマス風景（ヤン・ステーン）

日本では、子どもたちがプレゼントを受け取るのは十二月二十五日ときまっていますが、ヨーロッパでは、かならずしもそうではありません。ここに紹介した十二月六日の聖ニコラスのほかにも、寒さに凍える貧しい人に自分のマントを裂きあたえたという伝承のある、聖マルタンの祝日（十一月十一日）に子どもたちに贈り物をする地方があります。若い娘たちの守護聖人である聖カタリ

右手にクリスマスのパンをもった聖ニコラス（ベルギーのクリスマスのパンの飾り）

ナの祝日（十一月二十五日）に、少女たちにプレゼントをする習慣もあります。冬の長いスウェーデンでは光の聖女である聖ルチアの祝日（十二月十三日）を盛大に祝いますが、この日にも子どもたちにプレゼントのとどくことがあります。聖ルチアや聖バルバラが、十二月六日に聖ニコラスといっしょにやってくるという伝承もあるそうです。

　子どもたちにプレゼントを持ってくるのも、聖人ばかりとはかぎりません。イタリアのベファーナ、ドイツのペルヒタ、ロシアのバブーシュカのような魔女は一月六日の公現祭の夜にやってきて、よい子にプレゼントをくばります。公現祭というのは、ベツレヘムに生まれたキリストを東方の三博士がはじめて訪れたことを記念する祝日です。フランスでもスイス国境近くのオート＝サヴォワ地方ではシャランドおじさん、フランシュコンテ地方ではアワーおばさんが、クリスマスの夜に贈り物をとどけます。

　デンマーク、スウェーデン、フィンランドなどの北欧諸国ではクリスマスのかわりに「ユル」

の祭りを祝いますが、この夜にはユル・ニッセ、ユル・トムテ、ヨル・スヴェンなどという妖精や小人や鬼がやってきます。人びとは、こうした訪問者のために食べ物や飲み物を用意して歓迎の意をあらわし、ささやかなプレゼントと祝福を受け取ったのでした（「ユル」という言葉の語源は不明ですが、「季節の変わり目」、あるいは「太陽の進行が活発になること」を表わすという説があるそうです）。

こうして見ると、サンタクロースや聖ニコラスのプレゼントの習慣が、実はヨーロッパの長い冬にちらばった、さまざまな祭りや生活習慣や民間信仰と結びついているのが分かるでしょう。

2 サンタクロースがいっぱい

アムステルダムのような大都会とちがって、フランスやドイツの村々には、いまでも素朴な聖ニコラスが登場します。たとえば植田重雄氏の『ヨーロッパの祭りと伝承』に紹介されているオーストリア国境にちかいドイツのベルヒテスガーデン付近の聖ニコラ祭では、先頭をきって歩くのは八名の「ブットマンドル」という、全身麦藁でおおわれた穀物の霊です。ブットマンドルは、手にした鞭をピシピシ鳴らしながら悪霊をはらい、眠っている地霊をめざめさせ、つぎの年の豊穣を祈るのだそうです。

司教の姿をした聖ニコラスにつきそうのは、ニッコロヴァイプルです。ニッコロヴァイプルというのは「ニコラスの妻」という意味ですから、ここには男神（聖ニコラス）と女神（ニッコロヴァイプル）を対で考えるゲルマンの古い信仰が生きているのでしょう。そして、聖ニコラスの後からは、夜警や牧師のほかに、籠を背負った「髭もじゃ男」、翼をつけた天使、山羊の面をつけ白い布で身をつつんだ「ハーペルガイス」、大鎌をかついで不気味な白い面をつけた死神男などが、ゾロゾロしたがいます。

一行は、「やがて子どもたちが集まっている村の宿舎や会議所のようなところに現われ、いろいろな躾や戒めを言い渡したのちに、子どもの聖者にふさわしく、子どもの喜びそうなとりどりのプレゼントを年齢に応じて与える」のだそうです。

こうした聖ニコラスの行列は、コレット・メシャンの『サンタクロース伝説』のなかにもいくつか登場しますが、大切な共通点が少なくとも三つほどあります。

一つ目は、この行列が、多くの場合、村の若者たちによってこっそり準備され、仮面・仮装のうちに正体をかくして行なわれたことです。若者たちは、祭りのために「長い秘密の集会を何度も重ねたのち、演ずべきいろいろな役割が割り当てられ、それぞれがひそかに自分の衣装を準備する」のがつねでした。「聖ニコラスの一行に誰が参加し、仮装するかは、子どもにも親にも誰にも知られてはならない」のです。

二つ目は、こうした行列のなかに恐ろしい動物や、死者や、妖怪がふくまれていることです。鞭をピュンピュン鳴らしたり、鈴や鐘の音をひびかせたり、鎖をガチャガチャいわせたり、とにかく騒がしいのです。この音は、一方で悪霊をはらう役割を果たしますが、同時に人びとを脅かします。彼らは、この世の者ではありません。まさに百鬼夜行そのものであり、伝説や神話に登場する「呪われた狩人」のように地上をさまよう者たちなのです。

サンタクロースのお供のクランプスを怖がる女の子（オーストリアの版画 1896年）

十一月一日にはじまるとされるヨーロッパの冬は、死者の季節であり、魔女や妖精の活躍する季節です。この行列に参列し、聖ニコラスのあとをついて歩く者たちは、きっと村を訪れる祖霊の群れなのでしょう。

三つ目の共通点は、聖ニコラスの一行が、むかしは村の家を一軒ずつ訪れて、その家の子どもたちの様子をたずね、祝福を与えてあるいたことです。ちょうど現代のサンタクロースが、暖炉も煙突もないような小さな家でも、一軒ずつ訪れて子どもたちにプレゼントを残していくように、聖ニコラスも村の子どもたちの家の扉をたたき、お菓子や鞭を配って歩いたのです。そしてこの聖ニコラスには、ハンス・トラップとかクランプスという怖いお供がついていました。このお供は、意地悪な人さらいで、悪い子どもは背中の籠にほおりこみ、連れて帰ってバリバリ食べてしまうと信じられていました。

聖ニコラスの特徴をこんなふうに整理してみると、私たちがいやでも思い出してしまうのは、男鹿のナマハゲや甑島のトシドンのような日本の来訪神のことです。たとえばナマハゲの場合は、十二月三十一日の大歳の夜や小正月の晩にこっそりと支度をした若者たちが、鬼の面をかぶり藁の蓑をつけ雪靴をはいて、村の家々を訪れます。そして大きな音をたてて暴れ回り「怠け者の子どもはいないか、いれば取って食う」といって威します。ナマハゲの場合は、よい子に対する褒美はありませんが、トシドンの場合には子どもに大きな丸餅を背負わせます。これが、まさに日本版のクリスマスプレゼント（＝お年玉）なのでしょう。

そしてここで、とても大切に思われるのは、この来訪神たちが祖先の霊として死者と同一視されていることです。これは、ちょうどベルヒテスガーデンの聖ニコラスの行列の仮面・仮装のお供たちと同じです。彼らは、一方で悪霊をはらい、豊かな実りをもたらす村や家の守護神でありながら、鞭をふるう人食いの人さらいとして恐れられているのです。

そしてさらに、もう一つ大切なことは、ここで迎える者と来訪神が、食べ物を媒介にして結ばれているということです。ナマハゲは、ひとあたり子どもに説教をしてしまうと、家の人たちの用意した膳について食事をします。サンタクロースや聖ニコラスは、プレゼントを届けると、暖炉のまえに用意されたテーブルにつくのです。

「カーニヴァルと四旬節の戦い」(ピーテル・ブリューゲル 1559年)

「クリスマスはもともと、死者たちと豊穣のための異教の古い聖なる祭典であった。クリスマス前夜のごちそうは、昔は死者たちのための食事で、暖炉の前でしたためられたものだが、暖炉というのはいつの時代、どこの場所でも祖先への礼拝を捧げる場だったのである」と『サンタクロースとクリスマス』

の著者ルパニョールは書いています（二三〇頁）。

たとえこれほど明確に言い切ることはむずかしくても、ヨーロッパの人たちにとってのクリスマスや聖ニコラス祭の食事、日本人にとっての大歳や小正月の食事は、祖先＝死者との絆を強める大切な機会であったのでしょう。

かつてヨーロッパの冬は、さまざまの神とともに妖怪たちの跋扈する季節でした。死者をむかえる十一月一日の諸聖人の祝日にはじまり、クリスマスをへて一月六日の公現祭にいたるまで、若者たちは仮面をつけたり、藁で身をつつんだりして、訪れる神や妖怪を演じたのです。

そしてさらに、こうした仮面・仮装の神や妖怪たちは、復活祭準備の祭りや初夏の訪れを祝う五月の祭りのあいだにもしばしば登場して、人びとを恐れさせ、豊かな恵みを約束しました。なかでも、私たち日本人によく知られているのはカーニヴァルの仮装です。

カーニヴァルは、復活祭の準備を締めくくる祭りです。復活祭は、キリストがゴルゴダの丘で十字架につき、死んで三日目によみがえったことを記念する祭りですから、この祭りをむかえるために信徒たちは、キリストの苦しみを想って四十日のあいだ肉食を断ち、生活をつつしまなければなりません。この四十日は「四旬節」とよばれますが、この四旬節の始まる前日の「脂の火曜日」を中心に御馳走をたらふくつめこむ祭りが、カーニヴァルなのです。この祭りには、仮面のほかにも、男たちが女の扮装をしてねり歩いたり、藁でカーニヴァルの王様をつくって行列して馬鹿騒ぎをしたりします。

そしてこの藁人形は祭りの終わりとともに焼かれたり、川に流されたりしたのです。

そこで、最後にベルギーの小さな町バンシュのカーニヴァルを訪ねて見ましょう。

3　ベルギーの町バンシュのカーニヴァル

バンシュは、十二世紀初頭に十字軍に参加したボードワン三世の未亡人ヨランド・ド・ゲルドルによって築かれた町です。町をかこむ城壁は、ベルギー随一といってよいかもしれません。

バンシュのカーニヴァルの歴史は古く、一三九四年の市の古文書には「カレミオー（カーニヴァル）の夜に市庁で灯すロウソク代として十八ドニエ」という記録が見えます。以後、中世期を通じて文書が散在しますが、当時の

図⑥　フランス国境近くの小さな町バンシュ

図⑦　仮面をかぶって町を練り歩くジル

カーニヴァルがどのようなものであったかはよくわかりません。

たとえば一八五〇年頃のものと考えられる仮面は、イタリアのコメディア・デラルテ風のもので、現在のものとはかなり違います（図⑧）。

現在のカーニヴァルの主役は、図⑦のように、ナポレオンひげにサングラスという奇妙な仮面をつけて着飾った「ジル」と呼ばれる男たちです。

祭りのさなかに仮面をとった男たちは、ベルギーのシンボルである赤・黒・黄色の三色で彩られたライオンのコスチュームにレースの肩飾りをつけ、ダチョウの羽の大きな帽子をかぶり、腰帯に結ばれた「アペルタンターユ」と呼ばれる小さな鐘を鳴らして、木靴をはき、「ラモン」という柴の束をもっています。手に提げた籠から、見物の人たちにむかってオレンジを投げますが、これらの由来はただ古いというだけで、確かなことは町の人たちにもわかりません（図⑩）。

バンシュの町の男たちにとって「ジルになる」ことは、いまも大きな誇りです。ちょうど、神田に生まれた男たちが神田祭の神輿をかつぐことを誇りとしているように、バンシュの男たちはジルになることを一生の願いとしているのです。そして、ジルになるための条件は、たいへん厳しいのです。

まず、「ジル」になるためにはバンシュ生まれの男でなくてはいけません。ほかの町で生まれた男は、何年バンシュで暮らしてもジルにはなれないのです。

つぎに「ジルは、けしてバンシュの町を出ない」といわれています。バンシュの近郊の町にも「ジル」と同じような服装をした男たちの登場する祭りがありますが、それは「ジル」の祭りではありません。首都ブリュッセルの町でも、ジルのような仮面をつけたパレードが行われますし、遠くは一九七〇年の大阪万博にもデモンストレーションとして登場する機会がありました。しかしそこに出演するのは、いつも「偽物のジル」なのです。もし、バンシュの男がこうした〈よその町〉の祭りにジルの扮装をして登場するようなことがあれば、それはバンシュの町のスキャンダルになって、その人は二度とバンシュの祭りにうけ入れてもらえなくなります。

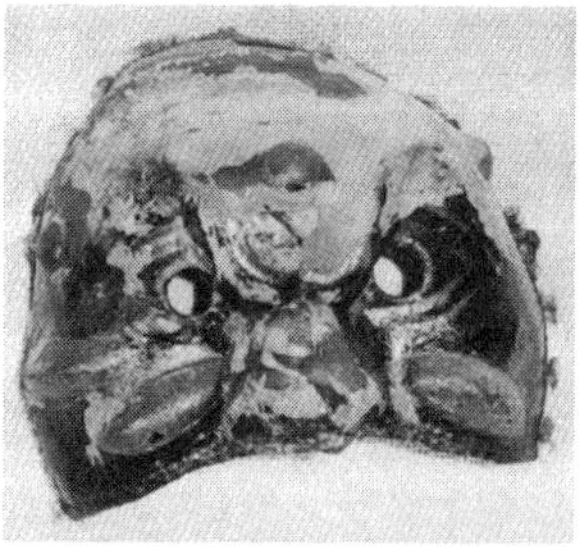

図⑧　バンシュの町に保存される古いカーニヴァルの仮面

図⑨　通りで出会った知人に祝福を与えるジル

三つ目に、「ジル」になるための経済的な負担がとても重いのです。バンシュの男たちは、いくつかのグループをつくり、町の広場にあるカフェを本拠にして「ソシエテ」という組をつくり、定期的に会合をもち、「カニョット」という独自の積み立て預金をして、仲間同士で祭りにつかう費用を用意します。

ソシエテは現在八つほどあり、職業や地域などによらず気のあった者同士があつまります。これは、日本の博多山笠や、神田明神の祭りのような、長い歴史をもつ祭りが神輿や山車（だし）をだすために組織する〈講〉や〈宮座〉に匹敵する男たちの結社（祭祀組織）です。

四つ目の特徴は、こうしたジルの組織はもちろん、その他の場面でも教会がまったく関与しないということです。祭りのクライマックスに男たちは教会の並び立つ市庁舎広場に集結しますが、本来カーニヴァルは、反キリスト教的ともいえるような世俗性をおびていて、男たちはカフェに集まってビールを飲みながら、一年かけて気長に祭りを準備します。町には祭りのコスチューム、仮面、木靴、ラモン、帽子などの道具を作る職人たちがいて、年ごとに組から注文をうけますが、その仕事だけで一年の生計をたてている職人もいるほどです。

4 ジルたちの一日

祭りは、復活祭の四十九日前の日曜日から三日間にわたって行われます。ジルの登場するのは、「脂の火曜日（マルディ・グラ）」と呼ばれる、四旬節直前の火曜日です。翌日の「灰の水曜日」には額に灰をぬり、肉食を断ち、四十日の慎みの日々を迎えるのです。

図⑩ オレンジを投げるジル

祭りは、その火曜日早朝に、ジルにつきそう楽隊が小太鼓を打ちながら、町のはずれから順々にジルを迎えに歩きます。ジルは、楽隊のリズムに合わせ、木靴を踏みならし、踊りながら家の門を出て、次のジルの家に向かうので、ジルの数は、町の中心に近づくにしたがって増えていくことになります。

この時、楽隊は家の門口にたつたびに、ジルを呼び出すために「オーバード」という古い小唄を吹き、迎えにきたジルたちが小唄に合わせて門口で祝福の踊りを踊ります。家の者はジルたちを迎え入れ、シャンパンや御馳走をふるまうのが仕来りとなっています。この日、ジルはシャンパン以外のものは飲みません。こうして同じソシエテの仲間の家をつぎつぎまわり、祝福をあたえ、祝福をうけ、一人二人と増えたジルの行列はしだいに町の中心にむかっていくのです。このように、家の門口でくり返されるジルの挨拶は、日本の祭りの三河万歳や獅子舞いのような門付けの祝福芸とよく似ています。

町の中心の広場に向かうジルたちが、途中で知った人にあうと、手にもったラモンという木の枝をなげ、うけとった知人と抱きあって祝福をかわすのも印象的です。この小さな木の枝束は、クリスマスツリーやメイ・ポールよりは、ずっとささやかですが、やはり森の聖なる力の象徴であり、枝束をなげ、友人を抱きしめるジルは、冬の最中に森の命をとどける使者のように思われます（図⑨）。

町の中心の広場に近づくと、ジルたちは一斉に仮面をつけて、市庁舎に入っていきます。待ちうけた市長はジルの挨拶をうけると、お返しの言葉をおくり、互いに祝福を交わします。

午後になると、仮面をはずしたジルが、こんどは華やかなダチョウの羽の帽子をかぶり、行列をつくって町を練り歩き、手にした籠からオレンジをとって、見物人たちに向かって、さかんに投げあたえます。

オレンジは今でこそありきたりで珍しくもありませんが、かつては貴重な果物で、これもまた北国を訪れる神のプレゼントであったに違いありません（図⑩）。

図⑪　女を演じるマムゼル

こうして、木靴をならしながら、一日中町を踊り歩く姿を見ていると、ジルが神聖な来訪神を演じていることがよくわかります。彼らは、家をめぐり、友を訪ね、新しい年の祝福と恵みをあたえて去るのです。「ジルは、いかなる場合も楽隊なしには移動できない」「シャンパン以外の酒は口にしない」などという、さまざまなタブーの存在も、ジルが神であることをしめしているように思われます。

バンシュのカーニヴァルには、ジルという仮面の来訪神のほかにも注目すべき点が少なくありません。たとえば、「脂の日曜日」とよばれるカーヴァル二日まえの祭りの初日には仮装行列がおこなわれ、男たちが化粧して「マムゼル」という女性を演じるのです。このグロテスクな扮装も、男と女という根源的な秩序を破壊し、新しい年の秩序を生みだす演出ではないでしょうか（図⑪）。

さらに、カーニヴァルの一週間前の月曜日は、「トゥルーユ・ド・ヌーユ」と呼ばれる仮面仮装の夜です。町の人々が恐ろしい仮面をつけて知り合いの家をおそい、酒や御馳走を強要して歩くのです。「トゥルーユ」は「汚れた人」を意味します。これもハロウィーンや日本のナマハゲのような仮面をつけた祖霊や死者の来訪を思わせます。

まとめ　――比較民俗学とはなにか――

比較民俗学とはなんでしょうか。

民話研究の世界では、当初から国際比較がなされてきましたし、人間の日常の営みも文化人類学の世界では、比較することが当然でした。しかし、一般に「民俗学」というと、どうしても「一国民俗学」という自己規制が働いてしまうような気がします。とくに、日本の民俗学にはその傾向が強いようです。

私がここで敢えて「日本・韓国・フランスの民話と民俗」などというサブタイトルをつけて、地域的にも文化的にも一般に異質であると考えられる三つの国の民俗と民話を並べて、比較を試みたのも、そのせいです。

「比較民俗学」などと改めて断らなくても、民俗学はもともと国際的でした。それは、フレー

ジェームズ・フレーザー
(1854–1941)

ザーを読めばよくわかります。「金枝篇」には、ここに挙げたような事例があふれています。日本の一国民俗学の守護神のような柳田國男でさえ、フレーザーを精読して育ったのです。

しかし近代になると、どこの国でもナショナリズムが台頭し、民俗学はその〈自分探し〉、〈ナショナル・アイデンティティの確立〉に力を貸してきたように思われます。

二十一世紀に入って、ようやくこのナショナリズムに多少の反省が訪れ、グローバリズムとポスト・モダンの時代が本格化しました。たとえば、歴史や文学の分野でも、やっと国史や国文学の時代が終わり、日本史・日本文学の時代となり、さらに「アジアのなかの日本史」とか「世界文学のなかの日本文学」というように外側との関わりのなかで学問のあり方を問う時代が訪れたようです。

民俗学にしても同じことで、日本一国で完結する「民俗」などというのは近代の幻想にすぎません。私たちの暮らしは、衣・食・住をはじめ、すべてにわたって世界に開かれています。こんなことは、だれでも知っている常識のはずですが、まだまだ〈モダン〉な世界に生かされている私たちには、おのずから国家という制度があり、共通の言葉があり、教育があります。

この枠組みを超えることが、なかなか難しいのです。

ターナーの描いたネミ湖畔の「金枝」

比較民俗学は、多少なりともこの国家の枠組みを超える上で役にたつ知見（transnational knowledge）を提供できるように思われます。朝鮮王朝五百年にわたって「儒教」という男文化の固い鎧に身を固めてきたように見える韓国も、その鎧の下をそっと覗いてみれば、女たちのしたたかな生き方を垣間見ることができます。その生き方は、日本の女たちと通底するところが少なくありません。クリスマスやカーニヴァル、復活祭や五月祭などのヨーロッパの祭りのなかにも、日本や韓国によく見られる〈訪れる神との交歓〉や、〈豊かな実りに対する祈り〉が見られます。

幸いなことに、日本民俗学には「日本」および「日本人」の暮らしや世界観についての豊かな考察の蓄積があり、これを手がかりとしてグローバルな民俗の比較に着手する準備があります。自国の民俗の垣根を高くして、外の世界をステレオ・タイプな眼鏡で見るのは、そろそろ止めにしたいと思います。「キリスト教」対「日本教」とか、「罪の文化」と「恥の文化」などという〈一見分かりやすいが大雑把〉な図式を離れて、もう少し細かく暮らしをみつめて、思考を組み立てなおす必要がありそうです。

参考文献

■柳田國男『遠野物語』新潮社　一九七三
■岡正雄『異人その他』言叢社　一九七九
■宮本常一『町のなりたち』未来社　一九八三
■宮本常一『民俗のふるさと』河出書房新社　一九七五
■折口信夫『古代研究・民俗学篇』筑摩書房　一九六六
■ミハイール・バフチーン『フランソワ・ラブレーの作品と中世・ルネッサンスの民衆文化』川端香男里訳　せりか書房　一九七四
■ウラジミール・プロップ『魔法昔話の起源』斎藤君子訳　せりか書房　一九八三
■ウラジーミル・プロップ『昔話の形態学』北岡誠司他訳　水声社　一九八七
■エドマンド・リーチ「言語の人類学的側面」(『現代思想』一九七六・三　青土社)
■山口昌男『道化の民俗学』新潮社　一九七五
■阿部謹也『ハーメルンの笛吹男』平凡社　一九七四
■蔵持不三也『祝祭の構図』ありな書房　一九八四
■水沢謙一『夢を買う話』長岡書店の会　一九八二
■水沢謙一『越後宮内民話集』岩崎美術社　一九七七

■稲田浩二他編『蒜山盆地の民話』三弥井書房　一九六八
■柳田國男『妖怪談義』講談社　一九七七
■宮田登『妖怪の民俗学』岩波書店　一九八五
■小松和彦『妖怪学新考』小学館　二〇〇〇
■崔仁鶴『韓国昔話の研究』弘文堂　一九七六
■崔仁鶴『韓国の昔話』三弥井書房　一九八〇
■ロジャー・ジャネリ／任敦姫『祖先祭祀と韓国社会』近藤基子・金美栄・樋口淳訳　第一書房　一九九三
■植田重雄『ヨーロッパの祭と伝承』早稲田大学出版部　一九八五
■カトリーヌ・ルパニョール『サンタクロースとクリスマス』渡辺義愛他訳　東京書籍　一九八三
■マリー＝フランス・グースカン『フランスの祭りと暦』樋口淳訳　原書房　一九九一
■コレット・メシャン『サンタクロース伝説の誕生』諸岡保江・樋口淳訳　原書房　一九九一
■樋口淳『民話の森の歩き方』春風社　二〇一一

樋口 淳（ひぐち・あつし）

1946年生まれ。専修大学文学部教授、東アジア民話データベース作成委員会委員長。1969年より1975年までベルギー、1980年より1981年までフランスに政府給費留学生として滞在。1988年に慶熙大学校客員教授として韓国滞在。民俗調査を行い、比較民俗学会日本担当理事をつとめた。著書に『民話の森の歩き方』（春風社 2011）、編著書に『フランス民話の世界』（白水社 1989）、翻訳に『フランスの祭りと暦』（M. グースカン著 原書房 1991）、『祖先祭祀と韓国社会』（ジャネリ・任著 第一書房 1993）などがある。

妖怪・神・異郷——日本・韓国・フランスの民話と民俗——

発行日　2015年4月28日　初版発行

著者　樋口 淳

発行者　長岡 正博

発行所　悠 書 館
〒113-0033　東京都文京区本郷2-35-21-302
TEL 03-3812-6504　FAX 03-3812-7504
http://www.yushokan.co.jp

装丁・組版　戸坂晴子
印刷・製本　株式会社理想社

ISBN978-4-903487-98-4 C0039
定価はカバーに表示してあります